KB134705

삼국유사, 자장과 선덕여왕의

신라불국토 프로젝트

이 저서는
2016년 대한민국 교육부와 한국연구재단의 지원을 받아 수행된 연구임(NRF-2016S1A5B5A01023226)

This work was supported by the Ministry of Education of the Republic of Korea and the National
Research Foundation of Korea(NRF-2016S1A5B5A01023226)

삼국유사, 자장과 선덕여왕의

신라불국토 프로젝트

맑은소리
맑은나라

프
롤
로
그

신 라 불 국 토 의   주 인 공 들

『삼국유사, 여인과 걷다』라는 책에 이어 2년 반만에 두 번째『삼국유사,
자장과 선덕여왕의 신라불국토 프로젝트』를 세상에 내놓게 되었다. 우
선 기쁘고, 걱정스러운 마음은 그 다음이다. 게으른 내가 연재를 마친지
한참 지나 책을 낸다는 점에서 어쨌든 기쁘고, 삼국유사에 관해서 두 번
째 내는 책이라 더 내용이 알차야 한다는 생각에 기대반 걱정반이다.
첫 번째 책은 2019년 4쇄를 찍었고 스스로 전자출판까지 배워서 하게 된
걸로 치면 5쇄라고 볼 수도 있다. 솔직히 이 책을 누가 사서 읽는지 고맙
고 궁금할 때가 많다.
우리에게『삼국유사』란 제목과 저자 일연만 알면 다 안다고 생각하는
'국민 착각의 책'이 아니던가. 좀 더 아는 사람이라면『삼국사기』는 정사
이고『삼국유사』는 야사 정도일 것이고 결단코 역사가 아니라 전설이나
신화같은 내용을 중심으로 엮은 책이라고 믿어 의심치 않는다.
우리는『삼국유사, 여인과 걷다』에서 훌륭한 남성 영웅들의 이야기책이
라는 고정관념에서 벗어나고자 하였다. 남성들이 나라를 건국하고 위기
에서 구하고 삼국통일을 하는 역할 이면에는 그들보다 훨씬 훌륭한 여성

들이 함께 했다는 주제의 책이었다. 한 마디로 대단한 남성 뒤에 몇배 더 훌륭한 여인, 곧 어머니나 아내가 있었다는 이야기를 쓴 책이다.

이 이야기에 공감하고 새롭다고 좋은 평을 해주신 분이 많았다. 그 격려에 힘입어 이번에는 자장과 선덕 사촌 남매의 '신라불국토 이상향의 나라'를 건설해 나가는 과정을 찬찬히 따라가고자 한다.

그들의 대단한 원력과 불국토를 이루어 나가는 과정에 생각지 못한 7세기 전후의 훌륭한 동행자들을 발견한 것도 큰 수확이었다. 세속오계의 원광법사, 사천왕사를 지어 나라의 위기를 두 번이나 구한 명랑법사, 그리고 설명이 필요없는 원효대사와 그 뒤를 잇는 진덕여왕, 재가불자 김춘추와 김유신, 그들의 동생 김흠순과 김인문들이다. 그들은 성골, 진골 순혈주의를 유지하고 모계 중심의 사회에서 촌수가 더 명확한 혈연으로 맺어진 넓은 의미의 가족이었다. 말하자면 가족기업인 셈이다. 지금도 대대로 가업을 계승하는 사람들을 우리는 높이 평가한다. 사업이 그렇고 직업이 그렇다. 하물며 국가를 경영하고 삼국을 통일하는 일에 혼신의 힘을 다한 이들의 인맥은 사촌 남매, 삼촌, 조카라는 물보다 진한 피

로 맺어져 있었다. 한편 실질적 혈연을 맺기 위해 혼맥을 활용하는 대표
적 신라불국토 조력자는 김유신과 김춘추이다. 가야 김씨와 신라 김씨의
대통합이요 삼국통일 이전의 가야와 신라의 통일을 겹사돈으로 묶는다.
21세기와는 다른 절대 왕권 시절에 자식에게 대물림하는 것이 왜 그토록
중요한 일이었나를 되새기게 되는 혈연 중심 나라의 이상향 건설에 동참
해 보자.

'맑은소리 맑은나라'에 연재해 온 원고를 묶고 수정하는 과정에서 연재
특성상 반복되는 내용이 있지만 한 번 더 기억하는 의미로 혜량해주시기
바란다. 처음에 삼국유사 시리즈를 계획한 대로 곧 『삼국유사, 원효와
춤추다』로 다시 만나뵙게 될 것을 약속드린다.

2019년 6월
공덕만리 아현글방에서
정진원

프롤로그 신라불국토의 주인공들

사촌 남매 자장과 선덕여왕이 주축이 되어
'신라불국토 이상향의 나라'를 건설해 나가는
과정을 찬찬히 따라가노라면
분황사가 향기를 품고 황룡사 구층탑이 우뚝 솟는다.
통도사에 안치되어 전해오는
부처의 진신사리와
불상, 불경, 당, 번들이 요술처럼 찬란해진다.

그들의 대단한 원력과
불국토를 이루어 나가는 과정에
생각지 못한 7세기 전후의 훌륭한 동행자들을 만나는
선재동자 여행을 떠나보자.

#01

삼국유사, 자장과 선덕여왕의 신라불국토 프로젝트

자장과 사촌 남매
선덕, 진덕이 추구한 이상향

'자장과 선덕여왕이 주도하는 신라불국토 프로젝트 스토리'는 그동안 거의 다루어지지 않은 주제에 해당할 것이다. 우리는 이 글에서 일반 대중과 한국 역사와 문화를 모르는 외국인들도 흥미와 관심을 가질 수 있는 삼국유사의 진진한 불국토 이야기를 풀어나가고자 한다. 특히 자장은 신라불교에 계율을 정하고 호국 호법을 위해 선덕여왕과 불국토 프로젝트를 펼친 인물로서 이 글의 주인공 역할을 맡는다.

자장과 사촌 남매
선덕, 진덕이 추구한 이상향

삼국유사 속 자장과 선덕

삼국유사는 삼국시대부터 현대의 한국불교에 이르기까지 우리 문화원형의 DNA를 갈무리하고 있는 우리 민족의 대표적 저작이라 할 수 있다. 그러나 삼국유사는 그동안 소수 전문 학자의 전유물로 인식되거나 일반 대중의 단편적인 옛날 이야깃거리로 몇몇 조목만 확대 재생산되어 온 감이 없지 않다.

'자장과 선덕여왕이 주도하는 신라불국토 프로젝트 스토리'는 그동안 거의 다루어지지 않은 주제에 해당할 것이다. 우리는 일반 대중과 한국

자장율사 진영

역사와 문화를 모르는 외국인들도 흥미와 관심을 가질 수 있는 삼국유사의 진진한 불국토 이야기를 풀어나가고자 한다.

특히 자장은 신라불교에 계율을 정하고 호국 호법을 위해 선덕여왕과 불국토 프로젝트를 펼친 인물로서 이 글의 주인공 역할을 맡는다. 자장은 태어날 때는 관음신앙에 기대어 태어나고 평생 문수신앙으로 점철된 생애를 살다 간다. 삼국유사 속에서 당시 신라의 주류가 되었다가 바뀌는 관음과 문수신앙의 추이도 재미있을 것이다. 또 자장과 관련된 신이한 이야기, 밀교 이야기도 다채롭게 펼쳐질 것이다.

이를 위해 삼국유사의 선덕과 자장이 관련된 「자장정율」편을 중심 텍스트로 하고 '황룡사 시리즈', '오대산·문수보살시리즈', '진신사리 이야기', '선덕여왕 이야기', '진덕여왕 이야기'를 날실과 씨실로 엮어 촘촘히 짜내려 갈 것이다. 또한 이 퍼즐을 단단하게 고정시켜 줄 「삼국사기」, 「당고승전」, 「화랑세기」의 활약을 기대해도 좋을 것이다.

세속오계의 원광법사, 사천왕사를 지은 명랑법사 등도 자장율사를 앞뒤에서 끌어주고 밀어주며 등장할 것이다. 결국 삼국유사 열 한편 이상을 종횡으로 누벼야 자장과 선덕의 불국토에 대한 스토리텔링이 파악된다. 이렇게 이루어진 '자장과 선덕의 신라불국토 프로젝트'는 실제 남아있는 그 유적 현장을 답사하고 체험하는 삼국유사 필드워크 콘텐츠로 완성된다.

자장율사를 만든 여인들

자장율사, 그를 키운 건 팔할이 선덕여왕을 위시한 미실과 진덕여왕 등 신라의 대단한 여인들이라 할 수 있다. 그 중 선덕여왕은 그에게 당나라 불교문화를 직수입해 신라의 불국토 프로젝트를 맡긴 인물이다. 자장과 인생 전반을 함께하는 인물이 선덕이다. 선덕은 왕위에 오른 지 5년(636년)만에 자장을 당나라로 보내 중국의 불교문화와 문물을 들여와 불교 계율을 신라에 정립시키는 역할을 맡긴다.

그렇다면 미실은 자장을 이 세상에 오게 한 장본인이다. 자장의 부모를 중매하여 결혼시키고 자장이 태어나도록 관음보살상을 조성해 기도를 드리도록 산파역할을 한 주역이다. 진덕여왕 역시 자장과 사촌 남매간이며 당나라 복식제도를 자장의 건의로 받아들인 신라불국토 소프트웨어 구축 실천 파트너였다.

신라불국토의 인프라 구축

이렇게 불국토 건설의 소프트웨어를 마련하고 그것을 담을 하드웨어라 할 분황사, 황룡사 구층탑, 통도사도 의좋은 사촌 남매들이 만들고 꾸려 나간다. 법흥, 진흥, 진평에 이어 신라의 불국토 체제를 굳히는 팀워

신라불국토의 의미를 담은 경주 불국사

크의 활약이 펼쳐진다.

가히 신라시대의 대표적인 전륜성왕이라 할 선덕의 이바지에 힘입어 자장 율사라는 신라불교를 대표하는 인물이 배출되는 과정을 생생하게 펼쳐 나가기로 한다.

우리는 '선덕과 자장의 신라불국토 프로젝트'에 자장 출생과 관련있는 관음신앙, 중국유학을 통해 평생 화두가 된 문수신앙, 신라에 화엄 사상을 최초로 전래시키고 밀교적 색채가 혼합된 화엄밀교 등에 대하여 삼국 유사를 정독하며 찾아가는 여행을 시작한다.

그리하여 삼국유사가 품고 있는 신라불국토 이야기를 통해 묵은 장맛이 간직한 '신선한 지혜'를 전달하고자 한다. 곧 삼국유사는 우리에게 한국 문화의 슬로푸드이자 '오래된 미래'를 제시하는 K-Classic의 보고임을 확인할 수 있을 것이다.

#02

삼국유사, 자장과 선덕여왕의 신라불국토 프로젝트

신라 왕자라 불린 자장율사,
선덕과 함께 만든 신라불국토

자장은 중국 『당전』에 '신라 왕자 김자장'으로 기록되어 있다. 학자들은 실제 왕자가 아니라고 하나, 아버지가 화백회의 국가 정사를 좌우하는 김무림으로 법흥왕의 증손자이자 진흥왕의 조카이다. 또한 법흥왕의 딸이자 진흥왕의 어머니인 신라 막강실세 지소태후의 손자이다. 신라 왕자라 불리고도 남음이 있다.

신라 왕자라 불린 자장율사,
선덕과 함께 만든 신라불국토

신라불국토의 소프트웨어

이제 자장의 사찰 중심 하드웨어 불국토에서 소프트웨어 불국토를 살펴볼 차례이다. 자장은 중국 『당전』 권 15 법상 전에 '신라 왕자 김자장'으로 기록되어 있다. 학자들은 실제 왕자가 아니라고 하나, 아버지가 화백회의 국가 정사를 좌우하는 김무림으로 법흥왕의 증손자이자 진흥왕의 조카이다. 또한 법흥왕의 딸이자 진흥왕의 어머니인 신라 막강 실세 지소태후의 손자이다. 지소태후는 신라의 측천대제라 불리는, 진흥왕이 즉위한 때부터 10년을 섭정한 실질적 여왕이었다.

자장의 어머니 유모낭주는 11세 풍월주 하종의 딸이다. 하종은 진평왕이 그의 왕자와 똑같이 대우한 또 다른 막강 실세 진평왕의 그녀, 미실의 아들이다.

『화랑세기』에 의하면 신라는 모계 사회적 성격이 강하고 지소태후와 미실은 왕실 혼사의 양대 산맥인 진골정통과 대원신통의 대표였다. 이 둘의 결합으로 탄생한 자장은 왕자 중의 왕자 그 이상의 신분이었을 것이다. 그야말로 금테를 두르고 석가모니와 같은 날인 사월 초파일에 태어난 자장이 그 모든 것을 버리고 율사가 되는 것은 싯달타가 석가모니부처로 되는 것과 진배없는 일이다.

『삼국유사』〈황룡사 구층탑 조〉를 보면 문수보살이 자장에게 하는 말 중, 신라왕이 석가모니와 같은 크샤트리아 종족(찰리종)이고 부처의 수기를 받은 왕이라고 증명하는 이야기가 나온다. 선덕여왕의 이름이 '덕만'인 것도 '열반경'에 등장하는 덕만 우바이로 중생을 제도하고자 일부러 여자의 몸으로 태어난 데서 취했다는 설이 있다.

선덕이라는 이름도 『대방등무상경』의 선덕바라문과 관련이 있다고 전한다. 선덕바라문은 석가모니로부터 전륜성왕이 될 것이라는 수기를 받고, 부처 열반 후 사리를 받들며 도리천의 왕이 되고자 발원하였다. 도리천에 장사 지내 달라고 한 '선덕여왕 이야기'의 내용을 상기해 보시라.

삼국사기는 선덕여왕의 성품과 인격을 다음과 같이 전한다. 왕이 되기

전 이름인 덕만일 때 성품이 너그럽고 어질고 총명하며 민첩했다고 기록하고 나라 사람들이 왕으로 세워 성조聖祖 황고皇姑로 칭했다는 것이다. 그러므로 선덕여왕은 전륜성왕의 자질을 갖추고 중국 오대산 문수보살에게 인증 받은 신라의 준비된 불국토 건설자였던 것이다. 이러한 선덕여왕을 위해 자장은 어떤 프로젝트를 가동했을까.

자장을 율사로 만든 그의 신라 율국토

『삼국유사』〈자장정율〉조로 그 이후 이야기를 이어가보기로 하자. 선덕여왕은 재상으로 자장을 등용하고자 했으나 자장이 백골관을 닦으며 용맹정진, "하루를 살더라도 계율을 지키겠다"며 거절하자 출가를 허락한다. '오백생 율사'라는 말이 있을 만큼 자장의 계율에 대한 확고한 태도와 일화는 대단하다. 『당고승전』에는 깊은 산속에서 죽기를 각오하고 수행하니 새가 과실을 물어오고, 중생제도를 생각하니 꿈속에서 도리천 두 장부가 나타나 '오계'를 주었다는 것이다.

이때부터 자장은 이미 천인의 오계를 받고 대중들에게도 계를 주는 율사였다. 오계五戒는 'pauca sīlāi'라고 하는 불교도이면 재가자나 출가자 모두가 지켜야 하는 가장 기본적인 생활규범이다. ① 살생 하지 말라[不殺生] ② 도둑질 하지 말라[不偸盜] ③ 음행을 하지 말라[不邪淫] ④ 거짓말을 하지 말라[不妄語] ⑤ 술을 마시지 말라[不飮酒]의 5종이다.

자장은 선덕여왕의 칙명으로 통치 5년째인 636년에 문인 승실 등 10여 명과 당나라로 들어간다. 자장이 원하던 큰 나라이고 더 큰 교화를 꿈꾸던 곳이었지만 여러 사람을 대동하고 가는 왕명으로 보았을 때 유학이 우선이 아닌 외교사절의 역할이 어쩌면 더 컸을지도 모른다.

거기서도 당 태종의 환대로 승광별원에 묵으며 도둑을 감화시키고 소경을 눈뜨게 하는 이적을 펼쳐 하루에 천 명씩 계를 받았다고 한다. 신라에서만 통용되는 실력이 아니었던 것이다.

왕명으로 떠난 자장, 당나라의 볼모의 역할도 있었던지 선덕여왕은 643년에 당 태종에게 귀환을 요청하고 태종의 허락으로 귀국한다. 그때 태종은 자장에게 예물을 하사했는데 자장은 예물대신 신라에 필요한 불경과 불상, 번당, 화개 등을 청하여 가져온다. 이미 지어진 흥륜사, 영흥사, 황룡사 그리고 분황사 같은 대찰에 채워야 할 소프트웨어 목록이다.

선덕은 그를 분황사(또는 왕분사王芬寺)에 주석하게 하고 대국통으로 삼았다. 물론 그 역할에 걸맞는 자장의 이적과 영험은 끊이지 않는다. 궁중에서 '섭대승론'과 황룡사에서 '보살계본' 법문을 청할 때 7일 동안 하늘에서 단비가 오고 구름과 안개가 자욱한 신이함을 보인 것들이 그 일례이다.

유식학과 보살의 계율에 대한 두 논서를 강의할 정도로 7세기 불교는 대

현존하는 가장 오래된 분황사 당간지주   자장율사가 643년 가져온 당幢이 걸렸을까.

단했던 모양이다. 회향하는 날 사부대중이 감복하고 자장의 계를 받겠
다고 구름처럼 모여들어 열에 아홉 집이 모두 계율을 실천했다고 한다.
자장의 신라불국토 첫 프로젝트는 인간의 규범을 실천하는 '율국토'라
할 것이다.

경주 분황사

자장이 가져온 것과 같은 시대 7세기 아스카 시대 번幡

복원된 번〈도쿄박물관〉

신라의 호법보살 자장

선덕여왕으로부터 대국통이라는 날개를 단 자장은 신라에 체계적인 불교의 규범을 세우기 시작한다. 비구승니 5부에 계율을 확립하고 보름 단위, 또 겨울과 봄에 맞추어 계율을 점검하고 시험을 치는 등 신라 불교 율법의 체계를 확립해 나간 것이다. 곧 비구 비구니 오부五部에는 규율을 바로잡는 강관綱官 제도를 두어 감찰과 계율에 의한 업장을 참회하게 하였다. 순사巡使를 두어 모든 절의 설법과 불상을 관리하였다. 그리하여 자장은 신라의 호법보살이라고도 부른다. 이러한 결과 나라 안에 계를 받고 부처의 가르침을 받드는 불자와 출가하는 사람들이 점점 많아져 선덕여왕 15년인 646년에 드디어 '통도사'를 창건하고 '계단戒壇'을 쌓아 중생을 제도하게 된다.

통도사 절터를 찾아 사촌누이 선덕여왕과 당시 축서산(영축산) 일대를 헤맸다는 전설이 통도사에 전해져 올만큼 이 두 남매는 불국토 건설에 헌신하였다. 〈당전〉에는 자장이 사탑寺塔을 십여 곳에 세웠는데 그때마다 온 나라가 함께 받들고 자장이 신이한 이적을 발원하니 사리가 발우와 발건(발우 수건)에 나타나 보시한 물건이 산을 이루고 발심하는 사람이 더욱 늘어났다고 한다.

우리나라 사찰 창건설화의 주인공이 거의 원효, 의상, 자장인 이유를 여기서 알 것 같다. 자장이 창건한 큰 절은 통도사 외에 울산 태화사, 오대산 월정사, 상원사, 정선 정암사, 설악산 신흥사, 공주 마곡사, 안성 칠 장사 등 얼추 열 손가락이 채워진다.

자장은 신라 최고 실권자 두 가문의 발원으로 태어났는데 석가모니와 생 일이 같아서 이름을 선종랑善宗郎이라 하는 등 싯달타 왕자 이상의 어린 시절을 보냈을 것이다. 그가 신라불국토에서 역점을 둔 것은 계율이었 다. 목숨 걸고 계율을 지켜 수행력을 높이고 그 결과로 나타난 신통력으 로 사람들을 감화시켜 신라인이든 중국인이든 그를 보면 계를 받고 그 계율을 지켰다. 그렇게 계를 받은 사람들이 많아지자 절을 지었고 그 절 에서도 이적이 끊이지 않았다.

이제 신라의 백성들이 불성이 깃든 인간이 되었으니 문화가 필요하였다. 7세기 당시 불교문화의 선진국이자 세상의 중심 '중국'의 의복과 관례를 수입하였다. 기실 불교는 인도의 문화가 아니던가. 중국화를 거친 불교 문화의 신문물 수입을 두고 종종 사람들은 자장을 중국 사대주의자로 여기곤 한다. 그러나 21세기를 사는 이들이여, 자장의 문화수입을 사대 주의라고 모함하지 말라. 그대들은 어떤 사대를 하고 있는지조차 모르 고 살고 있지는 않은가. 일례로 우리 대다수가 살고 있는 집, 아파트의 이름을 보라. 국적도 조어법도 모호한 '래미안, 아이파크, 휴먼시아, 타 워팰리스, 프레스티지 자이, 시그니처롯데캐슬' 등등 이게 어느 나라 말 인가. 2,000년 후 우리 후손들은 자기 조상의 정체성을 끝내 못 찾고 말 지도 모른다. 최소한 한국의 '율'을 지키고 지니는 나라를 기대한다.

#03

삼국유사, 자장과 선덕여왕의 신라불국토 프로젝트

미실의 역작,
자장의 출생

정작 삼국유사에는 미실이 등장하지 않는다. 자장의 출생에 관련된 자료를 찾다보면 화랑 세기가 현재 유일하다. 미실궁주는 손녀 유모낭주와 무림공을 중매하여 둘 사이에서 귀한 아들을 보기를 원했다고 한다. 그리하여 무림공에게 천부관음을 만들어 아들을 지극정성으로 기원해 선종랑 곧 자장을 낳았다. 결론부터 말한다면 훌륭한 자장율사, 그를 낳게 한 것은 팔할이 미실의 덕분이라 할 수 있다.

미실의 역작,
자장의 출생

독수리 날개 안에 깃든 자장암

폭염의 끝 무렵 즈음인 2016년 8월 통도사와 자장암을 찾았다. 선덕과
자장이 통도사 터를 찾아 헤매다 지금의 통도사를 창건했다는 전설이
내려오는 곳. 통도사를 짓기 전에 자장이 암자를 짓고 살았다는 자장암
을 처음 가보았다.

통도사는 영축산을 뒤로 하고 있다. 신기하게도 인도 라지기르에서 봤던
왕사성과 아주 흡사한 독수리 날개를 펼친 모습의 산에 열아홉 암자가
깃들어 있다. 그중에서도 가장 수려한 경관을 자랑하는 자장암. 거기에
금와보살까지 살고 있어 자장암의 첫인상은 아주 깊이 뇌리에 박힌다.

통도사 자장암 마애불상

그렇다면 자장이 자장암에 살면서 통도사를 지었다는 이야기가 성립된다. 자장암의 이야기를 먼저 살펴보는 것으로 시작하자.

자장암에는 4칸의 조그마한 인법당因法堂이 있고 그 법당을 보고 오른쪽으로 자장율사의 진영을 봉안한 자장전慈藏殿과 독성각獨聖閣이 있다. 법당을 보고 왼쪽에는 요사채가 있으며, 암자 입구쪽에는 최근에 지은 선실禪室이 있다. 법당과 자장전 사이에, 바로 높이 약 4m의 통도사 산내에서는 유일한 마애불이 있다. 그리고 그 뒤로, 즉 법당 뒤로 들어가면 그 유명한 금개구리가 살고 있다. 이 자장암이 유명해진 것은 금개구리 때문이다.

법당 뒤쪽에는 암벽에서 맑은 석간수石間水가 흘러나온다. 그리고 그 위의 석벽의 가운데에는 엄지가 들어갈 만한 작은 구멍이 하나 있다. 설화의 내용은 이렇다.

자장율사가 수도하고 있을 때 두 마리의 개구리가 물을 혼탁하게 하였다. 여느 개구리와는 달리 입과 눈가에는 금줄이 선명했고 등에는 거북 모양의 무늬가 있는, 부처와 인연이 있는 개구리였기에 샘물에 그냥 살게 놔뒀다. 겨울에 잠을 자러 갈 줄 알았던 개구리가 눈이 오고 얼음이 얼어도 늘 샘물 속에서 놀고 있는 것을 본 자장율사는 신통력으로 석벽에 구멍을 뚫고 개구리를 들어가 살게 하였다고 전한다. "언제까지나 죽지 말고 영원토록 이곳에 살면서 자장암을 지켜다오"라는 부탁을 하고는 개구리를 금와金蛙라고 이름했다고 한다.

오늘날에도 몸이 청색이고 입이 금색인 한 쌍의 개구리가 살고 있다. 벌과 나비로도 현신한다고 하는 이 개구리는 자장암 밖으로 절대로 나가지 않는다고 한다. 한때 어떤 관리가 그 말을 믿지 않고 개구리를 잡아 함 속에 넣고 봉한 다음 손에 쥐고 돌아가다가 도중에 열어 보니 역시 없었다고 한다.

이처럼 금개구리는 많은 설화를 남기고 있으며, 참배객들이 금와보살이라고 부르면서 친견親見 하고자 한다. 그러나 암혈 속의 개구리를 보는 사람도 있고 보지 못하는 사람도 있어서 이로써 불심佛心을 측량하기도 한다.

뉴시스 2016. 2. 3. 영생의 금개구리 중에서

초행길에 그 금개구리를 직접 볼 수는 없었지만 자장암 십수 년차 살림을 맡은 적정심보살님으로부터 금개구리 사진과 동영상을 볼 수 있었다. 정말 눈으로 보기 전에는 믿기 힘든 금와의 모습이다. 삼국유사에는 부여의 곡식신이 된 주몽의 어머니 유화가 해모수에게 버림받고 금와에게 보살핌 받는 이야기로 금와가 등장한다. 그 금와왕도 금개구리처럼 생겨서 이름이 그렇게 지어졌고 그를 발견한 자식없던 동부여왕 해부루가 후계자로 삼았다.

자장과 금와에는 어떤 상징이 숨겨져 있는 것일까. 새로 풀어야 할 다빈치 코드, 자못 궁금하다. 자장암을 짓게 된 자장의 출생 이야기를 따라가 보자.

통도사 자장암 초입初入

미실의 역작, 자장의 출생

자장은 어떻게 태어났을까. 부모가 있어야 자장이 있는 법, 먼저 자장의
부모 이야기부터 차근차근 풀어가보자. 화랑세기에는 자장의 아버지 무
림공(호림공)이 14세 풍월주로서 579년에 태어나 603년에 풍월주가 되
었다고 기록되어 있다. 무림공의 어머니는 지소태후의 딸 송화공주이다.
그러니까 자장의 아버지 무림공은 법흥왕의 증손자이자 진흥왕의 조카
가 된다. 한 마디로 왕족이다. 벼슬은 소판 무림으로 알천공 김유신과
함께 국사를 의논하던 화백회의 6인 중 한 사람이다.

게다가 자장의 아버지 무림공은 탈의지장脫衣地藏이라 불리는 원광법사의
동생 보리사문에게 계를 받은 신심깊은 불자였다. 그러므로 자장은 법
흥과 진흥 왕손의 후예로서 불심의 원력으로 태어나게 된다. 무림공의 첫
부인은 화랑의 우두머리 8세 풍월주 문노의 딸이었는데 사별하고, 미실
이 주도하여 그의 아들인 하종공의 딸이자 미실의 손녀이기도 한 유모낭
주와 재혼하게 된다.

그 둘 사이에서 자장이 태어난다. 14세 무림공(호림공) 조에는 미실궁주
가 나이가 많았는데 유모낭주를 매우 사랑하여 귀한 아들을 보기를 원
했다고 한다. 무림공에게 명하여 천부관음을 만들어 아들을 기원하게 하
여 선종랑 곧 자장을 낳았는데 자라서 율가의 대성인이 되었다는 것이다.

아들을 얻자 불심이 더욱 깊어진 자장의 아버지 무림공은 김유신에게 풍월주를 물려주고 스스로 불자^{佛子}임을 나타내는 '무림거사'라 칭하였다 한다.

그러므로 결론부터 말한나면 훌륭한 자장율사, 그를 낳게 한 것은 팔할이 미실의 덕분이라 할 수 있다. 자장을 태어나게 하도록 그 부모를 중매하고 아들 발원의 천부관음 조성을 무림공에게 시키는 등 결정적인 역할을 했기 때문이다.

천수관음께 자장의 아버지는 아들을 낳으면 중생 제도할 승려로 내놓겠다고 서원하고 어머니인 유모^{朮毛}는 드디어 별 하나가 품속에 들어오는 태몽을 꾸고 자장을 낳는다. 이 또한 석가모니 출생의 태몽과 연관된다. 마야부인은 흰 코끼리가 품안에 들어오는 꿈을 꾸고 석가모니를 낳았기 때문이다.

미스테리한 미실의 라이프스토리

이제 이쯤 되면 미실이 궁금해진다. 어떻게 자장의 증조가 되고 그렇게 만든 아들과 손녀는 누구인가. 왜 하필 천부관음상이고 그것은 어떤 모습으로 어디에 다시 등장할까. 이런 궁금함을 우선 씨앗처럼 갈무리 해두자.

정작 삼국유사에는 미실이 등장하지 않는다. 자장의 출생에 관련된 이상 미실을 찾아보지 않을 수 없고 그에 관한 자료를 찾다보면 화랑 세기가 현재 유일하다.

삼국유사를 읽다보면 천년의 시·공간을 지나는 동안 듬성듬성 해진 그림을 보는 것 같다. 이럴 때 함께 조합해 그림 전체 윤곽을 잡아줄 퍼즐 조각들로 『삼국사기』, 『화랑세기』, 『해동고승전』, 『당고승전』 같은 책들이 유용하다. 오늘은 화랑세기가 낙점됐다. 이제 삼국유사를 중심에 펼쳐놓고 이들을 덧대보고 맞춰 가며 신라불국토 프로젝트의 주역 자장율사를 만나러 간다.

미실에 대해 찾아보니 주로 '색공'에 초점을 맞추어 자유분방, 여성성을 극단적으로 활용해 '진흥, 진지, 진평' 세 왕을 섬기며 진지왕을 폐위시킬 만큼 정사를 좌지우지한 여걸로 묘사되고 있다. 과연 이것이 전부일까.

미실은 2세 풍월주인 미진부와 어머니 묘도 사이에 태어났다.

당시 모계중심의 혈통으로 왕위를 좌지우지하는 두 계통의 혼맥이 있었는데 '진골정통'과 '대원신통'이었다. 진흥왕의 부인 사도와 함께 대원신통을 크게 일으켰으며, 진흥왕·동륜태자·진지왕·진평왕 등을 섬기며 당시 정계에 큰 영향력을 가졌다.

한편 진흥왕의 어머니이자 법흥왕의 딸인 지소태후는 진골정통을 대표하는 왕실 혼맥 주류를 이끌고 있었다. 그러니까 진흥왕의 어머니와 부

자장암의 금와

통도사 자장암 전경

아스카 성덕태자가 탄생한 절 귤사의 4수관음

인이 각각 두 계파의 우두머리였던 셈이다.

진흥왕은 미실과 부인 사도, 어머니 지소태후 중간에서 어떠했을까. 이 이야기도 다음을 기약하기로 하고 미실에 집중하기로 하자.

미실의 첫 사랑은 사다함이다. 사다함은 우리가 잘 알고 있는 가야 정벌에 큰 공을 세운 신라의 화랑이다. 화랑세기에 전하는 두 편의 향가가 미실과 사다함의 연가이다. 그러다 사다함이 함께 죽기로 맹세한 친구 무관랑이 죽자 7일 동안 통곡하다 요절했다 전해진다.

그 이후 미실의 사랑은 앞서 본 바와 같이 거침없이 펼쳐진다. 지소태후의 아들 세종이 미실을 일방적으로 좋아하여 결혼하였다. 지소태후는 진골정통이라 대원신통인 미실을 좋아하지 않았으나 세종이 병이 날 정도로 좋아하여 내쫓았다가 다시 받아들일 수밖에 없었다. 심지어 세종의 정실부인 융명을 차비로 하고 미실이 요구하는 대로 정비로 맞아들인다. 세종과 진흥왕의 어머니는 지소태후로 같지만 아버지는 이사부와 입종공으로 서로 다르다. 곧 아버지 다른 형제이다.

미실의 후손들, 하종-유모-자장

미실은 태어난 연도가 나와 있지 않다. 동생 미생이 550년에 태어났고 아들 하종이 564년에 태어난 것으로 미루어 546년~548년 정도로 추정한다. 606년(진평 28) 병사한 걸로 미루어 60세 전후를 살았던 것 같다.

자장의 할아버지 하종은 이렇게 세종과 미실 사이에서 태어났다. 하종이 태어난 후 미실은 진흥의 총애를 얻어서 둘 사이에 애송공주를 낳게 된다. 그러자 하종은 세 살에 사지 벼슬을 받고 궁궐에서 함께 살았다.

이후 진흥과 미실 사이에서 동생들이 태어날 때마다 하종은 벼슬이 올라가 대사, 나마, 대나마가 되었다. 마침내 진흥이 양아들(假子)로 삼아 전군의 작위를 주었다. 그만큼 하종은 진흥왕의 아들 대우, 곧 왕자의 역할을 했다고 해도 과언이 아니다. 마침내 하종은 588년 18세에 11세 풍월주가 되었다. 그는 검소하고 색을 삼갔으며 아랫사람을 사랑하고 윗사람을 공경하여 아버지 세종의 풍모를 지녔다고 한다.

화랑세기에서 찬하기를 '맑게 삼가고 덕을 닦아 훌륭한 명예를 지켰다'고 적고 있다. 하종은 7세 풍월주 설원공의 딸 미모낭주를 맞이하여 아들 모종과 딸 유모, 영모를 낳았다. 둘째 유모가 곧 자장의 어머니이다.

한편 영모는 김유신의 첫번째 재매부인으로 등장한다. 김유신이 전쟁터로 떠날때 집에 못 들르고 물만 마셨다는 재매정이 경주에 남아있다.

화랑세기는 이처럼 삼국사기와 삼국유사에 빠져있는 사실들을 충실히 깁고 채워주는 역할을 하고 있다. 자칫 신라 왕실의 순혈주의 혼인관계로 이어지는 성골 진골의 혼맥을 조선시대 유교주의 사고방식으로 색안경을 끼고 보면 신라의 모든 것이 초점을 잃고 검은색으로 보이는 블랙

아웃의 상태가 될 것이다. 여기서 우리가 보아야 할 것은 다른 역사서에서 찾아볼 수 없는 자장 출생의 유래와 그 부모의 이야기이다.

요컨대 자장은 소판 무림과 유모낭주의 아들로 태어났는데 그 부모의 배경에는 진흥왕과 관련된 미실과 지소태후 등 역사적 여인들이 우뚝우뚝 서 있다. 이렇게 태어난 자장이 이제 어떻게 불교의 대성인으로 성장하는가를 따라갈 차례이다.

#04

삼국유사, 자장과 선덕여왕의 신라불국토 프로젝트

자장의 출가와 문수보살의 사구게
'아라파차나' 효험

'아라파차나', 이 오자 진언의 효험은 선남자와 선여인이 이 진언을 잘 수지하여 한 차례만 독송한 공덕으로도 여래의 평등한 일체법에 들어가 위대한 반야(지혜)를 곧바로 성취할 수 있다는 것이다. 바로 깨닫고 바로 부처가 수 있는 신비한 주문, '옴 마니 밧메 훔'과 같은 영험있는 주문이다. 자장이 재상 자리와 바꾼, 목숨을 내놓고 백골관을 닦으며 얻은 한 줄이다.

자장의 출가와 문수보살의 사구게
'아라파차나' 효험

신라의 지장, 관음, 문수신앙

자장(590~658)의 아버지 김무림은 마음가짐이 청렴하고 곧았으며 재물을 풀어 무리들에게 나누어 주었기에 그때 사람들이 '탈의 지장'이라 불렀다고 '화랑세기'에서 전하고 있다. 이미 신라의 선덕, 진덕여왕 당시 지장보살 신앙이 널리 퍼져있음을 알려주는 단서라 하겠다. 그렇다면 지장보살이 어떤 보살인가.

지장보살은 모든 중생을 지옥의 고통에서 구제해 주는 보살이다. 뿐만 아니라 부처가 열반해 사바세계에 존재하지 않을 때 모든 중생의 행복을

지장보살도(根津美術館 소장)　　관음보살도(일본 淺草寺 소장)　　문수보살도(根津美術館 소장)

책임지는 보살이다. 악업을 지은 중생들을 보살펴 자비로 감싸 주는 지장보살의 사상은 무한의 용서를 바탕으로 하고 있다. 김무림은 그것을 실천한 불교적인 인물이었음이 틀림없다.

한편 자장의 출생을 위해 등장하는 관음보살은 현실의 죄나 고통을 없애 주는 보살로서 대자대비의 화신이다. 천부관음을 조성하여 자장이 태어나도록 기도하고 성장하면 출가시키겠다고 서원했던 아버지 김무림이 아닌가. 그렇게 지장과 관음신앙에 기대어 태어난 자장은 출가하여 신라에 문수신앙을 정착시킨다. 문수보살은 산스크리트 Manjusri에서 유래되었으며 문수사리文殊師利 · 만수시리滿殊尸利 등으로 음역되는데, 문수와 만수는 '묘妙', 사리 · 실리는 '두頭 · 덕德 · 길상吉祥' 등의 뜻이므로 '지혜가 뛰어난 공덕'이라고 풀이할 수 있다. 이 보살은 석가가 죽은 후 인도에 태어나 『반야경般若經』을 결집, 편찬한 보살로도 알려져 있다.

『화엄경』에서는 비로자나불의 왼쪽 협시보살로서 보현보살과 함께 나타난다. 보현이 세상에서 실천적 구도자의 모습을 띠고 활동할 때, 문수는 사람들의 지혜의 좌표 역할을 한다. 문수보살은 자장의 이야기에서와 같이 중국의 산시성山西省 우타이산五臺山에서 1만 보살과 함께 있는 것과 같이 자장이 심혈을 기울여 토착화한 강원도 오대산에도 있다. 지금도 상원사上院寺에서는 문수를 주존主尊으로 모시고 있다.

『방발경放鉢經』에서는 문수를 부처의 부모 역할에 비유하고 있기도 하다.

> 지금 내가 부처가 되어 32상과 80종호가 있고 위신이 존귀하여 시방의 일체 중생을 제도함은 모두가 문수사리의 은혜이다. 본래 그는 나의 스승이다. 과거의 수많은 모든 부처도 모두가 이 문수 사리의 제자이다. 비유하면 세간의 어린이에게 부모가 있듯이 문수는 불도에 있어서 부모이다.

이렇게 자장의 출생과 출가의 과정에는 지장과 관음, 문수신앙 사상이 녹아있어 신라 불교 연구의 귀중한 실마리를 제공해준다.

당시 신라는 지장신앙과 관음신앙으로 불교를 정착시키고 문수신앙을 받아들여 명실상부한 부처의 나라로 만들어가려고 했을지도 모르겠다. 자장의 일생은 신라를 불국토로 만들려는 프로젝트에 헌신하고 있다고 해도 과언이 아니다. 황룡사 구층탑을 위시한 통도사 건립 등의 하드웨어 구축과 오대산 문수신앙 정착, 계율 정립 등 신라 불교의 소프트웨어를 구축하는 삶이 바로 그것이다.

자장에 대한 초기 기록은 '황룡사 구층탑 찰주본기'에 자세하다. 구층탑 사리함 안쪽 면에는 선덕여왕 12년 자장이 중국의 종남산終南山에서 원향 선사圓香禪師에게 황룡사에 구층탑을 세우면 해동의 아홉 나라가 모두 신라에 항복할 것이라는 말을 듣고 돌아와 이 탑을 조성했다고 기록하고 있다.

인도 기원정사

자장의 출가동기

그리고 자장의 이름과 출가동기가 기록되어 있다. 석가와 같은 날 태어나 선종善種이라 이름지은 진골 귀족자제 자장은 어려서 살생을 즐기고 특히 매사냥을 좋아하였다고 한다. 하루는 그렇게 잡은 꿩이 눈물을 흘리는 것을 보고 느끼는 바가 있어 출가를 하게 되었다고 전한다.

출가 시기는 두 가지 설이 있는데 삼국유사에서는 처자를 두고 재상이 되라는 선덕여왕의 명을 어긴 시점으로 보아 25세 전후 늦은 나이에 출가했다고 보는 설이다.

또 하나는 일찍이 부모를 여의고 세속의 번거로움을 싫어해 출가했다는 설이다. 그렇다면 우리의 삼국유사 자장정율 조에는 어떻게 기록하고 있을까. 그 이야기 속으로 들어가 보자.

> 자장은 정신과 뜻이 맑고 슬기로웠으며 문장력이 나날이 풍부해졌고 세속의 취미에 물들지 않았다. 두 부모를 일찍 여의자 속세의 시끄러움을 싫어하여, 처자를 버리고 자신의 땅과 정원을 희사하여 원녕사元寧寺를 세웠다.

> 홀로 깊고 험준한 곳에 머물면서 이리나 호랑이도 피하지 않았다. 고골관을 닦았는데, 조금 게을러지거나 피곤해지면 작은 방을 만들어 가시덤불로 둘러치고 그 안에 발가벗고 앉아 움직이면 찔리도록 하였으며, 또 머리를 들보에 매달아 정신이 혼미해지지 않도록 하였다.

삼국유사 자장정율 조에서는 이처럼 조실부모가 그 이유로 나오지만 또 다른 삼국유사 진덕여왕 조에서는 그의 아버지 김무림이 진덕여왕 시대 (647~653)까지 여전히 화백회의 주요인물로 활동하고 있어서 연대가 서로 맞지 않는다. 어쩌면 두 부모가 아니라 부모 중 한 분을 여읜 것일지도 모르겠다. 그리고 삼국유사에서 처자가 있다고 한 것으로 보아 결혼을 한 이후 출가한 것을 알 수 있다.

또 하나 땅과 정원을 희사하였다는 대목은 '기수급고독원' 곧 부처 재세 시에 기타태자의 나무와 수달장자의 정원을 희사해 만든 '기원정사'를 연상시킨다. 신라에도 이미 이러한 불교의 풍습이 자리잡고 있음을 엿볼 수 있다.

그가 가시덤불 속과 대들보에 머리를 매달고 정진하는 모습에서 얼마나 치열하게 난행고행하며 수행하였고 후일 신라에 계율을 정립하게 되는 그 싹을 또한 여기서 감지할 수 있다. 이렇게 용맹정진하던 자장에게 재상의 자리에 앉으라는 왕의 명령이 떨어진다.

당시 왕에 대해서도 진평왕이라는 설과 선덕여왕이라는 설이 있는데 대체로 자장이 당나라로 가서 활동하던 선덕여왕 시대로 보고 있다. 목숨 걸고 수행하며 자신에게 엄격하기가 추상같던 그의 대답은 이러하였다.

> 마침 조정에서는 재상 자리가 비어 있었는데, 문벌門閥로 보아 자
> 장이 마땅하다고 여기어서 여러 번 불렀지만 나아가지 않았다.

왕이 칙령을 내려 말하였다.
"나오지 않으면 목을 베겠다." 자장은 칙명을 듣고 말하였다.
"저는 차라리 하루라도 계율을 지키다가 죽을지언정 백년 동안
계율을 어기며 사는 것은 원하지 않습니다." 이 말을 듣고 왕은
출가를 허락하였다.

그렇게 해서 깊은 바위 골짜기에 숨어 수행하니 새가 먹이를 물어다 주
는 등 신기한 이적 끝에 하늘에서 다섯 가지 계율을 내려 준다. 여기서 자
장이 '율사'로 불리게 된 계기가 처음 나온다. 그 계를 받아 지니고 마을
로 내려와 사람들에게 계戒를 주기 시작하니 신라인들이 앞다투어 받았
다고 한다.
그러나 자장은 여기서 만족하지 않고 선덕여왕 때인 636년(찰주본기에
서는 638년) 변방 신라에서 중국 당나라로 가서 불법佛法을 더 탁마한다.

문수보살 사구게

그렇게 중국 청량산에서 만난 문수보살. 정성껏 기도를 하니 꿈에 그 문
수보살이 마정수기摩頂授記를 하며 인도 범자 곧 산스크리트로 된 4구게를
주고 자장은 외운 채로 깬다. 그러나 그 뜻을 알지 못해 전전긍긍하고
있으니 이튿날 한 스님이 와서 해석해준다.

중국 오대산과 오대산의 상징인 대백탑이 있는 대화진 풍경

대화진에 있는 54m 높이의 오대산 상징 대백탑 입구

이 스님이 문수보살의 현신임은 불을 보듯 뻔한 일. 이제 우리에게까지 전하고 있는 엄청난 효험을 전해 줄 4구게 게송과 그 뜻을 드디어 알아볼 차례이다.

일연은 이 게송을 쉽게 알려주고 싶지 않았던지 삼국유사 자장정율 조가 아닌 오대산 오만진신 조에 가서야 알려준다.

> 처음에 자장이 중국 태화지太和池 연못가의 문수보살 소상이 있는 곳에 이르러 경건하게 7일 동안 기도하였는데, 문득 꿈에 부처가 네 구절의 게송을 주었다. 꿈을 깬 뒤에도 그 게송을 기억할 수 있었지만 모두 범어였으므로 그 의미를 전혀 알 수가 없었다.
>
> 이튿날 아침 홀연히 어느 한 스님이 붉은 비단에 금빛 점이 있는 가사 한 벌과 부처의 바리때 하나와 부처의 머리뼈 한 조각을 가지고 법사 옆으로 오더니 물었다.
> "어찌해서 그리도 수심에 잠겨 있소?"
> 자장법사가 대답하였다.
> "꿈에 네 구절의 게송을 받았지만 범어여서 그 뜻을 풀지 못해서 그럽니다."
>
> 그러자 승려가 번역하여 말해주었다.

> 아라파좌낭阿囉婆佐曩　　일체의 법을 깨달았으니(了知一切法)
> 달예치거야達嘵哆佉㖿　　본래의 성품은 가진 바 없다네(自性無所有)
> 낭가사가낭曩伽呬伽曩　　이와 같이 법성을 알았으니(如是解法性)
> 달예노사나達嘵盧舍那　　노사나불盧舍那佛을 곧 보리라(卽見盧舍那)

정승석 교수(동국대 인도철학과)는 이 첫째 구 산스크리트 음역을 연구
하여 다음과 같이 재구성 하였다. '아라파좌낭^{阿囉婆佐曩}'은 문수보살을
친견할 수 있는 5자 진언(다라니) 'a-ra-pa-ca-na'와 합치한다고 밝힌 것
이다.

5자 진언이란 바로 이 '阿, 囉, 跛, 左, 曩'이다. 한자음을 빌려 기록한 것
이기에 한자가 조금 다른 것은 흔히 있는 일이다. 이 오자 진언의 효험은
선남자와 선여인이 이 진언을 잘 수지하며 겨우 한 차례만 독송한 공덕
으로도 여래의 평등한 일체법에 들어가 위대한 반야(지혜)를 곧바로 성
취할 수 있다는 것이다(金剛頂超勝三界經說文殊五字真 言勝相).

바로 깨닫고 바로 부처가 될 수 있는 신비한 주문이라는 뜻이다. 티벳
불교에서 누구나 염송하고 티벳 마을에 가면 돌멩이마다 새겨 넣은 '옴
마니 밧메 훔'을 볼 수 있는 것이 연상된다. 우리말로 적자면 '아 라 파 차
나' 정도로 읽을 수 있을 것이다. 자장이 재상 자리와 바꾼, 목숨을 내놓
고 백골관을 닦으며 얻은 한 줄이다.

우리에게는 이미 그가 온 몸을 가시에 찔러가며 머리카락을 들보에 매달
아 수행하여 얻은 '불자 오계^{五戒}'만으로도 과분한 터.

멀고 험한 당나라에 유학 가서 문수보살께 온갖 정성을 들여 얻은 4구게
중의 첫 줄! 안타깝게도 현재 그다음 줄들은 산스크리트로 해독하지 못
하였다.

이 글을 읽는 여러분 중에 원력을 세우는 분이 나오시기를 기대한다. 이제 이 훌륭한 진언을 새삼 알게 되었으니 일구월심 오늘부터 염송해 보면 어떨까. 이 뜻이 일체의 부처님 법을 깨달았다는 것인데, 얼핏 우리말 '알아봤잖아'로 들리는 음사는 필자만의 생각일까.

앞으로 뭔가 어려운 일이 있을 때, 간절한 서원이 있을 때 당장 부처가 될 수는 없어도 자장스님께서 우리에게 전해 지금까지 남아있는 이 귀중한 문수보살 5자 진언을 외울 일이다. 이 5자 진언과 함께 전해진 부처의 진신사리와 금란가사도 눈여겨볼 차례이다.

이렇게 문수보살을 만난 후 당나라 태종과 고종의 스승으로 종횡무진 활약하는 자장의 이야기가 이어진다.

경주 장륙삼존불 대좌

#05

삼국유사, 자장과 선덕여왕의 신라불국토 프로젝트

자장과 매사냥
그리고 삼국유사 속 새이야기

인간과 새의 관계는 유구한데 자장은 출가 전후 새들과 특별한 인연을 맺는다. 자장은 어쩌면 우리나라의 새[鳥] 토템의 중요한 인물일지도 모르겠다. 자장의 희생물이었던 새들은 그의 수행을 돕고 그 새덕분에 자장은 신라에 계율을 정립하는 바탕을 마련한다.

자장과 매사냥
그리고
삼국유사 속 새이야기

계림의 다빈치코드

인간과 새의 관계는 유구한데 자장은 출가 전후 새들과 특별한 인연을
맺는다. 삼국유사에 등장하는 신라시조 닭에 관한 이야기로 시작해보
기로 하자. 신라불국토를 꿈꾸게 된 자장의 시조들은 어떠했을까. 그때
도 불교와 관련이 있었을까. 박혁거세와 알영의 탄생에서 알영이 계정에
서 탄생했기에 나라 이름을 계림국이라고 했다는 의미심장한 이야기가
나온다.

> 처음에 왕이 계정鷄井에서 탄생했기 때문에 혹 나라 이름을 계림국
> 鷄林國이라고도 했다. 이것은 계룡鷄龍이 상서祥瑞를 나타냈기 때문

이다.

일설一說에는 탈해왕脫解王 때 김알지金閼智를 얻는데 닭이 숲속에서 울었다 해서 국호國號를 계림鷄林이라 했다고도 한다. 후세에 와서 드디어 신라新羅라는 국호로 정했던 것이다.

〈시조 박혁거세〉

신라를 계림鷄林이라 하고 지금도 계룡산이 신이 깃든 산으로 추앙되는 것을 보면 당시의 닭은 어쩌면 현재 우리가 흔히 보고 생각하는 닭의 모습과 달랐을지 모른다. 대한민국의 국장인 봉황도 닭의 모습과 같다고 하였으니 그때의 닭은 우리가 상서롭게 여기는 봉황의 위용을 갖춘 모습이었을지도 모르겠다. 함석헌의 야인정신이란 글에 보면 신화가 타락해 전설이 되고 전설이 타락해 사화史話가 되고 사화가 타락해 사건이 된다고 갈파하였다. 어쩌면 봉황이상의 신성한 새였던 '닭'이 시간의 타락에 의해 현재 한낱 보잘 것 없는 새가 된 것은 아닐까.

삼국유사 속 매사냥

이제 본론으로 들어가 보자. 자장의 출가 동기가 된 매사냥 또한 세계문화유산으로 등재된 인간과 오래된 유대를 보여주는 살아있는 역사이다.

삼국유사에는 매사냥을 좋아했던 신라 경명왕이 선도 성모에게 잃어버린 매를 찾아달라고 기도하는 내용이 있다.

> 제54대 경명왕景明王이 매사냥을 좋아하여 일찍이 여기에 올라가서 매를 놓았다가 잃어버렸다. 이 일로인해 신모에게 기도했다. "만일 매를 찾게된다면 마땅히 성모聖母께 작爵을 봉해 드리겠습니다." 이윽고 매가 날아와서 책상 위에 앉으므로 성모를 대왕大王에 봉작封爵하였다.

한편 6세기 백제 법왕 때에는 집에서 기르는 새나 매를 놓아주라는 명령을 찾아볼 수 있다.

> 백제 제29대 법왕法王의 이름은 선宣인데 효순孝順이라고도 한다. 개황 10년 기미(599)에 즉위하였다. 이해 겨울에 조서를 내려 살생殺生을 금지시키고 민가에서 기르는 매나 새 따위를 놓아주고 또 물고기 잡는 기구를 불살라서 일체 금지시켰다.

앞서 보았듯이 자장의 출가 동기는 두 가지 설이 있다. 어려서 조실부모했다는 설(속 고승전. 삼국유사)과 또 하나는 매사냥을 하다가 잡힌 꿩이 눈물을 흘리는 것을 보고 결심했다는 설(황룡사 구층탑 찰주본기)이 있다. 자장의 출가와 비슷한 내용이 영축사 조성기에 나타난다.

> 절의 고기古記에 이렇게 말했다. "신라 진골眞骨 제31대왕 신문왕神文王 때인 영순 2년(683)에 재상 충원공이 장산국(동래현이니 내산국이라고도 한다) 온천에서 목욕하고 성으로 돌아올 때 굴정역

동지야에 이르러서 쉬었다.

여기에서 문득 보니 한 사람이 매를 놓아서 꿩을 쫓게 하자 꿩은
날아서 금악金岳을 지나 어디로 갔는지 종적이 없다. 방울 소리를
듣고 찾아 굴정현屈井縣 관청 북쪽 우물가에 이르니 매는 나무 위
에 앉아 있고 꿩은 우물 속에 있는데 물이 마치 핏빛 같았다. 여기
에서 꿩은 두 날개를 벌려 새끼 두 마리를 안고 있고, 매도 역시 그
것을 측은하게 여겨서인지 감히 꿩을 잡지 않고 있다.
공公이 이것을 보고 측은히 여기고 감동하여 그 땅을 점쳐 보니 가
히 절을 세울 만하다고 한다. 서울로 돌아와 이 사실을 왕에게 아
뢰어 그 현청을 다른 곳으로 옮기고 그곳에 절을 세워 이름을 영
축사靈鷲寺라고 했다."

마치 재상 충원공은 자장과 동일인처럼 오버랩 된다. 매사냥을 통해 꿩
을 잡고 꿩을 찾아가 보니 피로 물든 채 마지막 안간힘으로 새끼를 품고
있다. 매조차 그런 어미 꿩을 잡지 못한다. 그것을 보는 사람의 심정은
어떠하겠는가. 그곳에 그 새를 기려 이름을 영축사라고 했다 하니 매와
독수리를 동일시한 것 같다.

한 사람은 절을 짓고 한 사람은 그 길로 출가를 결행한다. 자장도 자기
의 전원을 희사해 '원녕사'라는 절을 짓는다. 매와 꿩은 그렇게 인간의 운
명을 바꾼다. 그밖에도 김수로왕과 탈해가 겨루는 장면에서도 매를 위
시한 새로 변신하여 싸우는 장면이라든지 『석보상절』에서 사리불과 육
사외도가 매와 겨루는 장면이 똑같이 등장한다. 그러므로 삼국유사의

경주 양동마을

내용이 석가모니 일대기를 기록한 불교경전의 내용을 차용했다고 하는 편이 더 적절할 것이다.

이혜동진 조에도 혜공이 출가 전 어린 시절 이름이 우조일 때 천진공의 신임을 얻는 방편으로 매사냥의 매에 관한 일화가 전한다.

> 그(혜공)가 자라자 천진공을 위해서 매를 길렀으니 이것이 공의 마음에 아주 들었다. 처음에 공의 아우로서 벼슬을 얻어 지방으로 부임하는 이가 있었는데 공이 골라 준 좋은 매를 얻어 가지고 임지任地로 갔다.
> 어느 날 밤 공이 갑자기 그 매 생각이 나서 다음날 새벽이면 우조를 보내어 그 매를 가져오게 하리라 했다. 우조는 미리 이것을 알고 금시에 그 매를 가져다가 새벽녘에 공에게 바쳤다.
> 공이 크게 놀라 깨닫고는 그제야 전일에 종기를 고치던 일이 모두 측량하기 어려운 일임을 알고 말했다. "나는 지극한 성인聖人이 내 집에 와있는 것을 알지 못하고 미친 말과 예의에 벗어난 짓으로 욕을 보였으니 그 죄를 어찌 씻을 수 있겠습니까. 이제부터는 부디 도사導師가 되어 나를 인도해 주십시오." 공은 말을 마치자 내려가서 절을 했다.

매사냥의 역사

이와 같이 우리나라에서 매사냥의 역사는 삼국시대부터 고려·조선 시대를 거처 현재까지 이어져 왔다. 『삼국사기』권 25, 「백제본기」 23 아신왕 조에도 백제 아신왕(392년 즉위)은 지기志氣가 호매豪邁하여 매사냥과 말타기를 좋아했다고 하였다. 이로 보아 삼국시대에 이미 매사냥이 매우 성행하였음을 짐작할 수 있다.

고려시대에는 몽고에서 매를 바칠 것을 요구하므로 세공歲貢으로 매를 보냈고, 이를 관장하기 위해 응방鷹坊을 설치했을 정도라고 한다. 조선 시대에는 명매名鷹 해동청海東靑의 공헌으로 명나라와의 곤란한 교섭이 해결된 바도 있다.

조선 태조는 자주 매사냥을 구경했고, 태종은 친히 활과 화살을 차고 말을 달리며 매사냥을 자주했다. 문인 김창업金昌業은 매사냥을 시로 남길 정도로 좋아했다.

일제강점기까지도 매우 성행했던 매사냥은 이제는 찾아보기 힘들게 되었으나, 전북 진안에서는 아직도 전통적인 방법에 의해 매사냥이 전승되어 오고 있다.

이러한 매사냥은 우리나라뿐 아니라 몽골, 중앙아시아를 거쳐 유럽에까지 널리 퍼져 있다. 매를 길들여 사냥에 이용했다는 것은 도구를 쓰는 인간 호모 파베르(Homo Faber)의 단면을 보여주는 좋은 예이다. 이것을 인류는 2010년 세계문화유산으로 지정하였다.

자장과 새 토템

유독 자장은 출가 동기인 매사냥뿐만 아니라 출가 후에도 새와 관계가 깊다. 출가 후 깊은 산 속에서 혹독한 수행을 하며 먹을 것도 없을 때 기이한 새들이 여러 가지 과일을 물고 와 손에 놓아주고 함께 먹기도 하였다는 기록이 속고승전에 나온다. 이렇게 고골관을 닦으며 마치 파키스탄 라호르박물관의 고행하는 석가상처럼 자신을 극한으로 몰아넣었을 때 나타난 신이 현상이 감응한 새들의 공양이었다.

이러한 수행정진 끝에 도리천의 두 장부에게 받은 5계를 중생들에게 전파해 율사의 바탕을 닦게 되었다는 것이다. 삼국유사 자장정율 조에서는 이상한 새가 과일을 바치고 꿈에 천인天人이 오계를 주었는데 마을의 사녀士女들이 앞다투어 계를 받았다고 한다.

자장은 어쩌면 우리나라의 새鳥 토템의 중요한 인물일지도 모르겠다. 선도성모가 낳은 혁거세와 알영의 나라, 계룡, 계림국에서 태어나 매를 곁에 두고 기르며 길들여서 함께 사냥을 일삼는다. 그리고 뜻한 바 있어 살생의 참회를 위해 출가를 한다. 그동안 자장의 희생물이었던 새들은 그의 수행을 위해 그를 공양한다. 그 새들을 매개로 하여 천상의 천인에게 오계를 받아 신라에 계율을 정립하는 자장율사의 바탕을 마련한다.

이렇게 신라에서 어느 정도 입지를 확고히 한 후 자장은 당나라로 유학을 떠난다. 우리나라에서도 이적이 끊이지 않는데 본격적인 신이는 중국에서 일어난다. '자장과 당나라 유학' 이야기가 궁금해지는 이유이다.

매 모양 물병(독일 페르가몬 박물관)

경주 알영정

#06

삼국유사, 자장과 선덕여왕의 신라불국토 프로젝트

신라 삼보의 중심
황룡사

불교의 삼보가 불법승이라면 신라의 삼보는 황룡사 장육존상과 황룡사 구층탑 그리고 천사
옥대였다. 삼보 중 두 가지가 황룡사에 있다. 황룡사의 주지로서 구층탑을 지은 자장의 위상
도 신라 삼보임을 아울러 보여주는 징표라 할 것이다. 황룡사와 그 안의 사람과 보물은 신라
의 상징인 동시에 삼국통일을 이뤄낸 신라 왕실과 신라 불국토에 대한 약속이자 힘이었다.

신라 삼보의 중심
황룡사

자장과 황룡사

자장(590~658)과 황룡사는 인연이 많다. 황룡사는 553년(진흥왕 13년)에 짓기 시작해 17년만인 569년에 완공된 절이다. 그후 574년에는 황룡사 장육존상을 조성하고 643년(선덕여왕 12년)에는 황룡사 구층탑을 건립하기 시작해 645년 완공, 황룡사 프로젝트를 완성한다. 황룡사라는 절집에 신라를 대표하는 스님이 신라 대표 랜드마크를 구축한 것이다.

그리하여 황룡사는 삼국유사를 쓴 일연이 살던 시기인 1238년(고려 고종 25년) 몽고의 침략으로 소실되기까지 700년간 신라 최대 최고의 사찰과 보물로서 수많은 스토리텔링의 주인공이었다.

이제 우리의 자장 스님이 등장하는 선덕여왕 시절로 다시 돌아가 출가와 당나라 유학 후 귀국을 정리해보자. 매 사냥을 좋아하던 자장이 자기의 전원을 희사해 원녕사라는 절을 만들고 출가한 사실은 앞서 이야기하였다. 출가 후에도 계율을 중히 여겨 재상 자리를 거절한 일화는 유명하다. '내 차라리 계戒를 지키고 하루를 살지언정 계를 깨뜨리고 백년을 살기를 원하지 않는다(吾寧一日 持戒死 不願百年 破戒而生).' 그리하여 '자장 율사'로 지금까지 우리에게 전해오는 것인지도 모른다.

636년(선덕여왕 5년) 그는 승실僧實 등 제자 10여 명과 함께 당나라로 유학을 떠난다. 중국 오대산으로 알려진 또 다른 이름 청량산의 문수보살 상에 기도하고, 가사袈裟와 부처의 발우, 그리고 불두골佛頭骨 사리 한 조각과 사구게四句偈를 받는 등 이적이 대단하다.

당태종은 그를 장안의 승광별원勝光別院에 머무르도록 한 뒤 후한 대접을 하며 아낀다. 명성이 알려져 대중이 따르자 종남산終南山 운제사雲際寺의 동쪽 산기슭으로 들어가 3년 동안 수도 정진을 한다.

드디어 643년 선덕여왕은 기다리다 못해 당 태종에게 글을 보내어 자장을 신라에 보내줄 것을 요청한다. 당 태종과 태자(후일의 당고종)는 어찌나 자장이 마음에 들었던지 달라는 대로 대장경과 번당幡幢·화개華蓋 등을 주어서 자장이 많은 불서와 불구를 가지고 7년 만에 귀국한다. 선덕여왕은 그를 분황사에 머무르게 하고 대국통으로 임명하였다.

자장과 황룡사 구층탑

그가 분황사에 주석하며 착수한 일이 바로 황룡사에 2년 동안 구층탑을 세우고 제2대 주지로 취임한 것이다. 그렇다면 황룡사 구층탑이 어떠한 탑인가. 탑의 유래가 된 내용이 삼국유사에 자세하다.

> (자장)법사가 중국의 (오대산) 태화지太和池 옆을 지나가는데, 갑자기 신인이 나타나 물었다.
> "어찌하여 여기까지 이르렀는가?"
>
> 자장이 대답하였다.
> "깨달음을 구하려고 왔습니다."
>
> 신인이 예를 갖추어 절을 하고 다시 물었다.
> "그대의 나라에 무슨 어려운 일이라도 있소?"
>
> 자장이 말하였다.
> "우리나라는 북쪽으로 말갈과 이어져 있고 남쪽으로는 왜국과 인접해 있습니다. 고구려와 백제 두 나라가 번갈아 국경을 침범하여 이웃나라의 도적들이 제멋대로 돌아다닙니다. 이것이 백성들

의 걱정입니다.”

“지금 그대 나라는 여자가 왕위에 있으니 덕은 있지만 위엄이 없소. 그래서 이웃나라가 침략을 꾀하고 있는 것이오. 그대는 빨리 돌아가야만 하오.”

자장이 다시 물어보았다.
“고국에 돌아가서 어떤 이로운 일을 해야 합니까?”

“황룡사의 호법용護法龍은 바로 나의 맏아들이오. 범왕梵王의 명을 받고 가서 그 절을 보호하고 있소이다. 고국에 돌아가거든 절 안에 9층탑을 세우시오. 그러면 이웃나라들이 항복할 것이고 구한九韓이 와서 조공할 것이며 왕업의 길이 편안할 것이오. 탑을 세운 후에는 팔관회를 열고 죄인을 용서하여 풀어주면, 외적이 해를 끼치지 못할 것이오. 그리고 나를 위해 서울 인근 남쪽 언덕에 절 하나를 지어 내 복을 빌어준다면, 나 또한 그 은덕을 보답할 것이오.” 말을 마치자 드디어 옥을 받들어 바친 후에 홀연히 사라져 보이지 않았다.
[절의 기록에, 종남산終南山 원향선사圓香禪師가 있는 곳에서 탑을 세워야 하는 이유를 들었다고 한다.]

신조차 선덕여왕을 삐뚤게 보았던 당나라의 시선은 당태종의 모란꽃에서 한치도 벗어나지 않는다. 우리나라는 지정학적 위치상 어느 왕과 대통령이 그 자리에 있든 주변국의 야욕에 시달리기는 21세기가 되어서도 마찬가지이다.

자장은 신령스러운 신인 또는 원향선사의 이야기를 듣고 귀국하여 탑을 세울 것을 왕에게 청한다. 이에 백제의 명장 아비지阿非知가 목재와 석재로써 건축하고, 선덕여왕의 남편이자 숙부 용춘龍春이 소장小匠 200명을 거느리고 일을 주관한다.

자장은 가져온 부처의 진신사리眞身舍利 100립粒을 탑속에 봉안하였다. 자장은 선덕과 사촌남매지간이다. 신라 왕을 중심으로 삼촌과 사촌이 온 힘을 기울여 신라의 랜드마크 건립에 총력을 다한 작품이라 하겠다.

그러므로 이 탑은 크기로 위압적인 탑이 아니라 그 안에 신라의 국운과 신라왕실의 염원이 가득 담겨 신라 민심이 집대성 된 탑이었다. 여기에 신라를 대표하는 탑을 짓기 위해 백제의 아비지를 초청했던 이야기가 궁금하다. 그리고 그 일을 맡은 아비지의 능력과 고뇌도 중요한 포인트이다.

> 정관 17년 계묘(643년) 16일에 자장법사는 당나라 황제가 준 불경과 불상, 승복과 폐백 등을 가지고 귀국해서 탑을 세울 일을 왕에게 아뢰었다. 선덕왕이 여러 신하들과 의논하였는데, 신하들이 말하였다.
> "백제에게 장인들을 청한 이후에야 일을 이룰 수 있을 것입니다."
> 그래서 보물과 비단을 가지고 백제에 가서 장인을 부탁하였다. 아비지라는 공장이 명을 받고 와서는 나무와 돌을 다듬었고, 이간 용춘龍春[용수龍樹라고도 한다]이 이 공사를 주관하여 200여 명의 장인들을 통솔하였다.
> 처음에 절의 기둥을 세우는 날에 아비지는 꿈에 자기 나라 백제가 멸망하는 모습을 보고는, 마음속으로 의구심이 생겨서 공사를 멈

추었다. 그러자 갑자기 대지가 진동하면서 깜깜해졌는데, 그 어
둠 속에서 어떤 노승 한 명과 장사 한 명이 금전문金殿門에서 나와
기둥을 세우더니 승려와 장사가 모두 사라져 보이지 않았다. 그
래서 아비지는 뉘우치고 그 탑을 완성하였다.

이렇게 백제에 갖은 금은 보화를 갖다 바치고서야 지어진 이 황룡사 구
층탑은 결국 아비지의 꿈대로 백제는 망하고 신라는 삼국통일의 위업을
이루는데 일조를 한다. 이 탑의 각 층은 아래에서부터 '일본·중화中華·오
월吳越·탁라托羅·응유鷹遊·말갈·단국丹國·여적女狄·예맥濊貊'의 아홉 나라
를 상징하는데, 백제를 애써 '응유'라 한 것은 아비지를 배려해서일까.

이 탑은 수차례 벼락을 맞고 불탄 이래 다섯 차례의 중수를 거듭하며 지
켜져 왔다. 그리고 1238년(고종 25)에 몽고군의 병화兵火로 가람 전체가
불타버린 참화를 겪은 뒤 장렬히 최후를 맞이한다.
신라의 서라벌 황룡사터는 지금도 평지이다. 망루의 역할도 톡톡히 했을
황룡사 구층탑의 보수 기록 또한 자세하고 구체적이다.

『국사』와 절의 옛 기록을 살펴보면, 진흥왕 계유년(553년)에 절
을 창건한 후에 선덕왕 때인 정관 19년 을사(645년)에 탑이 처음
으로 완성되었다. 32대 효소왕孝昭王이 왕위에 오른 지 7년째인 성
력 원년 무술(698년) 6월에 벼락을 맞았다. 제33대 성덕왕 때인
경신년(720년)에 다시 세워 완성하였다. 제48대 경문왕 무자년
(868년) 6월에 두 번째 벼락을 맞았고 그 임금 때에 세 번째로 다

경주 황룡사지터

시 지었다.

우리 고려 광종光宗이 왕위에 오른 지 5년째인 계축년(953년) 10월에 세 번째 벼락을 맞았고 현종 13년 신유(1021년)에 네 번째로 다시 지었다. 또 정종 2년 을해(1035년)에 네 번째 벼락을 맞았고 문종 갑진년(1064년)에 다섯 번째로 다시 지었다. 또 현종 말년 을해(1095년)에 다섯 번째 벼락을 맞았고 숙종 원년 병자(1096년)에 여섯 번째로 다시 지었다. 그런데 고종 25년 무술(1238년) 겨울에 몽고의 침략으로 탑과 장육존상과 절의 전각들이 모두 불에 탔다.

삼국유사의 저자 일연은 황룡사 구층탑을 이렇게 찬탄하고 있다.

> 신의 솜씨 구층탑 황제의 수도 서라벌을 굽어보니
> 휘황찬란한 금색 청색 날아오를 듯한 용마루라.
> 이곳에 오르니 어찌 구한九韓의 항복뿐이랴
> 비로소 천지를 평정할 것을 깨달았다네.

> 鬼拱神扶壓帝京　輝煌金碧動飛甍
> 登臨何啻九韓伏　始覺乾坤特地平

불교의 삼보가 불법승이라면 신라의 삼보는 황룡사 장육존상과 황룡사 구층탑 그리고 천사옥대였다. 삼보 중 두 가지가 황룡사에 있다. 황룡사의 주지로서 구층탑을 지은 자장의 위상도 신라 삼보임을 아울러 보여주는 징표라 할 것이다. 황룡사와 그 안의 사람과 보물은 신라의 상징인 동시에 삼국통일을 이뤄낸 신라 왕실과 신라 불국토의 약속이자 힘이었다.

그 신라의 후손들이 21세기 대한민국의 국민이다. 신라의 유전자가 여전히 살아 숨쉬는 그 연장선에서 바라본다면 1400년만의 여성 지도자의 출현과 퇴장도 역사의 퇴보라고만 할 수는 없을 것이다. 우리 국민의 힘을 믿는다. 우리 나라의 저력을 선덕도 자장도 보우할 것이다.

각자의 근기만큼 다시 짓는 황룡사 터

#07

삼국유사, 자장과 선덕여왕의 신라불국토 프로젝트

자장이 가져온
부처님 사리와 그 행방

진귀한 진신사리를 목숨보다 귀하게 여겼던 선조들의 모습에서 우리가 찾아야 할 것은 무엇인가. 또 다른 진신사리인 부처의 말씀 법사리도 내 안에서 근기에 따라 천변만화로 그 모습을 나툰다. 진신사리와 법사리가 그토록 소중한 것은 각자 자기 안의 부처 진신을 발견하라는 뜻이 아닐까.

자장이 가져온
부처님 사리와 그 행방

신라불국토 구축의 총책임자 자장

자장은 당나라에 유학가서 불교공부를 하고 당태종과 그의 아들 당고
종의 총애와 극진한 대접을 받는 혁혁한 성과를 세우고 돌아온다. 당나
라로 떠날 때 승실 등 승려 10여 명을 대동하고 가는 장면을 통해 신라
선덕여왕 특사의 임무를 띠었음직하는 이야기를 앞서 하였다. 그 결과
귀국할 때는 신라불국토를 만들기 위한 하드웨어와 소프트웨어 구축의
총책임자 역할을 맡게 된다.

신라 삼보라 불리는 황룡사 구층탑을 세운 뜻은 신라 주변을 둘러싸고

있는 나라들의 위협을 잠재우는 기원과 동시에 실제 전쟁에 대비하는 80 미터 높이의 망루 역할을 겸하게 하는 것이다. 그리고 그 안에 채울 소프트웨어 또한 그 못지 않게 중요한데 이번에는 이 안에 들어가는 부처님의 진신사리에 대한 이야기를 해보고자 한다.

삼국유사 제3권 탑상편의 '전후소장사리前後所將舍利' 조를 보면 삼국시대부터 고려시대까지 부처님 진신사리를 우리 선조들이 얼마나 소중하게 여겼는지 정말 상세하게 기록하고 있다.

신라시대의 진신사리

신라에 부처의 사리가 들어온 기록은 6세기부터이다. 이차돈이 법흥왕(527년) 때 순교해 불교를 공인한 지 20년정도 지난 후이다.

신라시대 549년(진흥왕 10) 양나라에서 심호라는 사신을 보내 불사리를 보내와 진흥왕이 버선발로 뛰어나와 백관과 함께 흥륜사에서 맞이하였다는 것이 사리 전래에 관한 최초의 기록이다. 그 뒤 안홍이 진나라에 들어가서 법을 구하고 호승 비마라 등과 함께 귀국할 때『능가경』·『승만경』과 불사리를 가지고 귀국하였다고 전한다.

그렇다면 우리의 자장율사가 등장하는 사리 이야기는 어떤 내용일까. 636년(선덕왕 5)에 당에 들어간 자장은 오대산 태화지 연못가에서 문수

울산 태화사지 십이지상 사리탑

보살로부터 불정골^{佛頂骨}과 치아사리 등을 받아서 643년에 귀국한다.

> "부처의 머리뼈와 어금니, 부처의 사리 100과와 부처가 입던 붉은
> 비단에 금색 점이 있는 가사 한 벌을 가져왔다. 그 사리를 셋으로
> 나누어 하나는 황룡사^{皇龍寺} 탑에 두고 하나는 태화사^{太和寺} 탑에
> 두고 하나는 가사와 함께 통도사^{通度寺}의 계단^{戒壇}(승려가 계를 받
> 는 단)에 두었다. 그리고 그 나머지는 어디에 있는지 알 수 없다.
> 통도사의 계단은 두 층이 있는데, 위층 가운데에 돌 뚜껑을 모셔
> 두었는데 마치 가마솥을 엎어놓은 모양 같았다."

자장은 귀국하자 곧 선덕여왕에게 건의하여 황룡사에 구층탑을 세우고
사리를 봉안한다. 그리고 지금도 그 지명이 남아있는 울산 태화강이 있
는 태화사 사리탑과 현재 불보사찰로 그 위상을 자랑하고 있는 통도사
금강계단 세 곳에 안치한다.

부처의 진신사리를 이렇게 많이 가져 올 수 있다는 것이 사실여부를 떠나
참으로 놀랍다. 그것도 진귀하기 그지없는 부처의 머리뼈인 불정골, 부
처의 어금니인 불치사리, 그리고 8곡 4섬의 사리 중 100과를 자장이 가
져온 것이 사실이라면 자장의 위상은 정말 대단하다. 이 사리를 중국 오
대산 태화지에서 만난 문수보살에게 받는다는 설정은 우리나라에 태화
사가 건립되는 계기와 문수신앙의 단초가 되는 아주 중요한 실마리라
할 수 있다.

또한 당태종에게 요청해 당시 신라에 꼭 필요한 패엽경 등 불경과 불상,

진신사리가 모셔진 양산 통도사 금강계단

번당, 화개 등 불구도 가져 왔다고 전하는데 이들을 어떻게 활용하였을까.

자장은 주지하는 바와 같이 선덕여왕과 사촌간인 진골 왕족이다. 또한 미실의 증손으로 관음보살에게 기도해 얻은 귀한 손자이다. 자장이 태어날 당시 590년은 진평왕 때로, 6세기 말 관음신앙이 7세기 중반 문수신앙으로 이행되어가는 과정을 보여준다 할 것이다.

한편 이후부터 석가탑에서 무구정광대다라니 등 불교 경전 등이 발굴되는 것으로 보아 불교경전 또한 부처님 진신사리만큼 중요하게 생각되었음을 확인할 수 있다.

우리는 불교의 삼보를 불법승 곧 불보, 법보, 승보라고 이야기한다. 여기서 불보는 부처님 진신사리, 법보는 법사리라고 불리는 부처님의 설법을 담은 불교경전으로 본다는 사실이다. 승보는 승가공동체이다.

자장은 황룡사 구층탑과 통도사에 금강계단을 세워 불보를 안치하고 중국에서 들여온 복식과 연호 등 당시 세계의 중심이었던 중국의 콘텐츠를 신라에 적용하였다.

특히 자장은 지금도 우리에게 율사로 불린다. 불교의 계율을 마련하고 시행하고 강의를 하였다. 화엄학의 시초라고도 불린다. 그러므로 그는 통도사에 불사리와 경전을 안치하고 스님인 자신이 주석함으로써 불법승 삼보를 모두 갖춘 사찰로 만든 것이다.

이렇게 애써 가져온 부처님의 진신사리는 그후 어떻게 되었을까. 어떻게 소장되고 보존되어 왔을까. 참으로 궁금하고 흥미로운 일이다.

의상과 도선이 제석궁에서 모셔온 진신사리

자장율사(590~658)보다 한 세대 뒤라고 할 의상대사(625~702)에게도 중국 유학시절 부처의 어금니 사리에 관한 재미있는 이야기가 전해지고 있다.

삼국유사에 따르면 의상법사는 661년 당나라에 들어가 종남산 지상사의 지엄존자智儼尊者가 있는 곳에 이르렀다고 한다. 그 이웃에 도선율사道宣律師(596~668)가 있었는데 늘 하늘의 공양을 받고 재를 올릴 때마다 하늘의 주방에서 음식을 보내왔다.

하루는 도선율사가 의상법사를 청하여 재를 올리는데, 의상이 와서 자리에 앉은 지 한참이 지났는데도 하늘에서 내리는 음식이 오지 않았다. 의상이 빈 바리때로 돌아가자 천사가 그제서야 도선에게 내려왔다. 도선이 오늘 왜 이리 늦었는지 물어보자, 천사가 대답하였다.

"온 골짜기에 신병神兵이 막고 있어서 들어올 수가 없었습니다."

그래서 도선율사는 의상법사에게 신장의 호위가 따르는 것을 알고, 그의 도가 자신보다 뛰어난 것에 탄복하였다. 그리고 하늘에서 보내온

음식을 그대로 두었다가, 이튿날 또 지엄과 의상 두 법사를 청하여 재를 올리고 그 사유를 말해주었다. 그때 의상이 조용히 도선율사에게 말하였다.

"율사는 이미 천제의 존경을 받고 계십니다. 일찍이 들으니, 제석궁에는 부처님의 치아 40개 중에 어금니 하나가 있다고 합니다. 우리들을 위해 천제께 청하여 그것을 인간세계에 내려 보내어 복이 되게 하는 것이 어떻겠습니까?"

도선은 천사와 함께 그 뜻을 상제에게 전하니, 상제는 7일을 기한으로 의상에게 보내주었다. 의상은 예를 마친 뒤에 이것을 맞이하여 당나라 대궐에 모셨다. 7세기의 이 사리는 13세기 고려시대에 우리에게로 오게된다. 7일 기한인데 어떻게 왔을까.

중국의 이 도선율사는 우리 불교역사의 최고 걸작 고려시대『삼국유사』와 조선시대『석보상절』에도 등장하는 우리와 각별한 인연의 당나라 스님이다. 곧 도선은 삼국유사에서는 의상스님에게 이처럼 불아사리를 전해주는 신통력을 보이고, 석보상절에서는 그의 저본이 되는『석가씨보』를 쓴 저자인 것이다.

세조가 왕자였던 수양대군 시절, 세종의 명을 받들어 승우의『석가보』와 도선의『석가씨보』를 대조해『증수석가보』라는 책을 만들고 그것을 훈민

정음『석보상절』로 만들었다는 기록이『월인석보』서문에 나오는데 그 도선이 바로 여기 의상과 한판 겨루기하던 진신사리 이야기의 주인공이다.

진신사리 보존의 역사

그렇다면 자장과 의상이 관련된 이 부처의 진신사리들은 그 후에는 어떻게 되었을까.

자장은 오대산 중대에 적멸궁을 건립하고 그 땅밑에 부처님 정골을 봉안하였다고 한다. 그 밖에 월정사, 태백산 정암사, 양산 통도사, 설악산 봉정암, 지리산 화엄사, 영월 사자사에도 사리탑을 건립하였다고 한다.

이후 8세기 751년(경덕왕 10)에는 불국사의 다보탑과 석가탑에 사리를 봉안하였고, 그 뒤 신라 후기 및 고려시대에 사리신앙이 더욱 성행하게 되었다.

고려시대의 진신사리

의상이 하늘에서 얻어 온 사리도 시절 인연에 따라 고려시대에 모셔오게 된다. 송나라 휘종 때 도교가 성행하자 부처의 치아사리를 배에 띄워 보

진신사리가 모셔져 있는 지리산 구례 화엄사

진신사리가 소장된 설악산 봉정암

내려 하였다. 그 소식을 들은 고려 예종(1105~1122) 때 사신이 천화용^天花茸 50령과 저포 300필을 배를 담당하는 관리에게 뇌물로 주고 빈배를 떠내려 보낸 뒤, 몰래 부처의 어금니를 가지고 왔다. 예종은 크게 기뻐하며 십원전^{十員殿} 왼쪽에 있는 작은 전각에 모시고 자물쇠로 잠궜다. 평소에는 밖에서 향을 피우고 등불을 밝혔으며, 왕이 친히 행차할 때만 전각의 문을 열고 극진히 예를 올렸다.

이것은 마치 작금의 일본 불교 사찰에 가면 불상이나 문화재를 항상 가리고 있거나 비공개로 보관하다 특정한 해, 특정한 날에만 공개하는 것과 유사하다. 혹시 일본의 전통은 여기서 비롯된 것인가 하는 생각이 든다.

13세기 삼국유사 '전후사리소장조'에 보면 고려 때 고종(1213~1259)이 강화도로 천도할 때에도 사리를 수습해 가지고 갈 정도로 소중히 여긴다. 그리하여 개경으로 돌아올 때 그것을 관리 소홀로 잃었다가 극적으로 되찾는 전말기가 상세히 실려 있다.

특히 고려 고종은 사리가 없어지자 의상의 불아사리가 하늘의 7일이 인간 세상의 700년에 해당돼 하늘로 돌아간 것이 아닐까 노심초사하다 되찾은 감회에 대성통곡하는데 이 장면이 인상적이다.

조선시대의 진신사리

14세기 말 유교입국의 조선시대로 넘어와서도 사리신앙은 계속된다. 태조는 1393년(태조 2) 정릉 흥천사에 사리각을 짓고 7일 동안 기도하였는데, 그때 사리 4매^枚가 분신^{分身}(여러 개로 나뉨)하여 불당을 유동^{楡洞}에 건립하고 사리를 봉안하였다.

한편 1398년 이번에는 오히려 중국 명 태조가 황엄^{黃儼}을 사신으로 보내어 사리를 구하므로 왕이 각 도 감사에 명하여 사리를 구해들이게 하였다는 기록이 이어진다.

충청도에서 45매, 경상도에서 164매, 전라도에서 155매, 강원도에서 90매를 모았으며, 또 태조가 가지고 있었던 사리 303매를 함께 주자 황엄이 고개 숙여 감사하였다는 기록이 있다. 어떻게 이렇게 많은 사리를 구할 수가 있었을까. 이 또한 분신한 것일까. 불경스럽지만 전국에 할당된 사리 수집 명령에 진짜 사리이기는 한 것일까 의구심이 드는 대목이다. 이렇게 각 사찰에서 구한 것과 함께, 모두 800매를 도금한 금·은합 속에 넣어 보냈다고 한다.

1415년(태종 15)에는 왕이 승려 100명을 흥천사 사리각에 모아 기도하면서 사리의 분신을 기원하고, 1419년(세종 1) 태종이 흥천사 탑 안에 사리를 봉안하였다는 기록이 나온다.

세조가 사리탑을 세웠다는 양평 용문사

특히 석가 생존시 치아 사이에서 나온 치사리 4매와 두골·패엽경 및 가
사 중에서 패엽경과 가사는 내불당內佛堂에 안치하고 두골과 치사리만 탑
에 두었다고 하였다. 특히 세조 때에는 사리에 관한 여러 가지 기록이 많
이 전하고 있다.

1464년(세조 10)에 삼각산 장의사(현재 세검정초등학교)에서 사리가 분신하고 오색구름이 나타난다. 같은 해 5월에도 효령대군이 회암사에서 원각법회를 베푸는데 여래가 현상하고 탑이 방광하면서 채색구름이 공중에 가득하였으며 사리가 수백 매로 분신하였다. 그 사리를 함원전含元殿에 공양하는데 또 수십 매가 분신되자 왕은 크게 기뻐하여 원각사圓覺寺를 세우고 이 사리를 봉안하였다고 한다.

그리하여 세조는 양평에 용문사를 중창하고 사리탑을, 양주에 수종사水鐘寺를 창건하고 사리탑을 세운다. 양양 낙산사에서 3·7일 기도를 하는데 공중에서 사리 4매가 떨어져 홍련암紅蓮庵에 사리탑을 세웠다고 한다. 이처럼 세조가 세운 사리탑은 수십 개에 이른다.

근년에는 경상남도 사천 다솔사多率寺 후불탱화에서 사리 수십 매가 나오고(1978년), 경기도 양주군 보광사普光寺 후불탱화에서도 수십 매의 사리가 나왔으며, 구미 도리사桃李寺 부도탑에서도 세존사리 1매가 발견되었다. 이렇게 면면히 이어져 온 부처진신사리에 대한 신앙은 불상에 대한 신앙 이상으로 강하였다.

한편 탑 안에는 진신사리 외에 부처님의 교설인 불경이 법사리法舍利로서 신봉되어 신골사리와 함께 불탑 속에 봉안된다. 석가탑의 무구정광다라니경이 대표적이다. 진신사리와 법사리가 합해져야 오롯한 부처의 진신을 만날 수 있어서인가.

이처럼 자장이 가져오고 의상이 하늘에서 빌려 온 부처의 진신사리가 우리나라에서 분신 또 분신하여 조선시대에는 오히려 중국으로 역수출되기도 하는 역사를 살펴보았다. 진귀한 진신사리를 목숨보다 귀하게 여겼던 선조들의 모습에서 우리가 찾아야 할 것은 무엇인가.

부처의 진신사리와 같은 자리에 모셔진 법사리가 사리탑이나 석가탑 뿐 아니라 불상, 사천왕상, 시왕상에서도 나오는 이유는 무엇일까.

진신사리는 살펴본 것처럼 증가와 감소가 변화무쌍하다고 전한다. 또 다른 진신사리인 부처의 말씀 법사리 또한 내 안에서 근기에 따라 천변만화로 그 모습을 나툰다. 진신사리와 법사리가 그토록 소중한 것은 부처의 진신처럼 결국 각자의 진신을 발견하고 나투라는 뜻은 아닐까.

양양 낙산사 홍련암

#08

삼국유사, 자장과 선덕여왕의 신라불국토 프로젝트

자장의 문수친견 원녕사와
오대산 갈반지 정암사 이야기

문수보살이 나타났다는 원녕사와 정암사, 원녕사는 자장이 태어난 곳이고 정암사는 열반한 곳이다. 진골 왕족으로 태어나 계율을 지키기 위해 재상도 마다하고 중국에 가서 화엄종의 두 순과 율종의 도선에게 배웠다. 당태종과 고종의 존경과 흠모를 한 몸에 받고 선덕여왕과 진덕 여왕 태종무열왕에 이르기까지 신라불국토의 안팎을 구축한 자장의 최후는 아직도 미스터리, 미스터리 일색이다.

자장의 문수친견 원녕사와
오대산 갈반지 정암사 이야기

자장율사에서 자장법사로

우리는 자장을 율사로만 알고 있지만 자장은 법사이기도 하다. 신라불
국토 중 가장 먼 지역 강원도 오대산에 펼쳐지는 문수신앙 불국토의 주
역 자장법사의 활약을 관련 사찰 중심으로 따라가 보자.

이미 문수보살을 친견할 수 있는 '아라파차나' 5자 진언 다라니를 앞에
서 공부하였다. 이 5자 진언의 효험은 선남자와 선여인이 이 진언을 잘
수지 독송하면 그 공덕으로도 여래의 평등한 일체법에 들어가 위대한 반
야(지혜)를 곧바로 성취할 수 있다는 것이다(金剛頂超勝三界經說文殊

五字眞言勝相). 바로 깨닫고 바로 부처가 될 수 있는 신비한 주문. 티 벳 불교에서 누구나 염송하고 티벳 마을에 가면 돌멩이마다 새겨 넣은 '옴 마니 밧메 훔' 이상의 진언인데 왜 상대적으로 알려지지 않았는지 모를 일이다. 앞으로는 자장법사의 '아라파차나'를 염송할 일이다. 자장 이 재상 자리와 바꾼, 목숨을 내놓고 백골관을 닦으며 얻은 한 줄이 아니 던가.

더욱이 이 진언의 음과 역어들을 언급하는 『삼국유사』 〈대산오만진신〉 조는 문수신앙과 직결되어 있다. 지금도 티벳불교에서는 문수보살찬탄 문이라 하여 '옴 아라 빠짜나 디'를 108염주를 돌리면서 반복 염송한다고 한다.

곧 자장법사는 중국 오대산에서 강릉 오대산도 문수보살이 머무는 곳임 을 문수보살에게 듣는다. 주지하는 바와 같이 자장은 선덕여왕 5년인 636년 중국 오대산 태화 연못가에서 7일 동안 기도하여 문수보살이 주 는 4구의 범자게송을 받는다.

이튿날 한 스님이 부처의 금란가사와 발우, 진신사리를 가져오고 범자 게송을 풀이해 준다. 그러면서 신라 동북방 명주(강릉) 오대산에 1만 문 수보살이 머물고 있으니 가서 만나라고 하였다. 알고보니 이 스님이 문 수보살이었음을 태화 연못에 사는 용이 알려주며 절을 짓고 탑을 세우라 부탁한다.

신라불국토의 문수신앙과 화엄경

그리하여 자장법사는 귀국하여(643년) 오대산에 와서 3일동안 문수보살을 찾았으나 날씨가 어둡고 좋지 않아 뜻을 이루지 못하고 돌아와 자신의 집을 희사해 만든 원녕사에 있다가 뜻밖에 문수보살을 만나게 된다. 문수는 다시 갈반처(정암사)로 가라고 알려준다는 스토리텔링으로 구성되어 있다. 이 두 절 원녕사와 정암사에 주목해 보자.

한편 자장이 율사뿐 아니라 법사인 것을 알려주는 기록을 살펴보면 궁중에서 대승론^{大乘論}을 설하고, 황룡사에서는 보살계본^{菩薩戒本}을 강하여 불교의 홍포와 국민 교화에 힘썼다는 점이다. 원녕사를 다시 증축하고 『화엄경』을 강할 때, 52명의 여인이 법을 듣고 깨닫자 문인^{門人}들이 그 수만큼의 나무를 심어 이적을 기념한 지식수^{知識樹}도 유명하다. 이로 인하여 신라에 화엄사상을 최초로 소개한 인물을 자장이라고 보고 있다.

특히 신라가 불교와 인연이 깊은 터전이라고 믿고 있는 불국토^{佛國土} 사상의 대표적인 사례가 오대산의 신라적 설정이라 할 수 있다. 『화엄경』에 따르면 오대산은 문수보살이 머무는 곳으로 중국에 있는 것으로 되어 있다. 그러한 오대산이 신라에도 있으며, 문수진신^{文殊眞身}과 5만의 여러 불·보살이 머무르고 있다는 신앙을 강원도 오대산에서 찾은 것이다.

자장은 590년(진평왕 12)에 태어나 658년(태종무열왕 5) 입적할 때까지 비교적 생몰연대도 정확하고 출신가문도 진골 왕족으로 사촌 선덕여왕과 신라불국토를 차근차근 구축해 나가고 있다. 가령 선덕여왕 시절 당나라로 유학을 떠나 황룡사 구층탑과 통도사를 창건한 역사적인 불교 위업은 누구나 아는 사실이다. 분황사를 비롯 흥륜사, 영흥사, 영묘사 등 국찰급에 해당하는 사찰들이 즐비했으나 그 안에 들어갈 소프트웨어는 빈약하기 짝이 없던 그때 자장은 당 태종과 그의 태자(당 고종)로부터 부처의 진신사리를 비롯 불교경전, 불교장엄구 등을 잔뜩 얻어 신라 불국토 건설에 박차를 가하게 된다. 나아가 진덕여왕(3년 649) 시절에는 당나라의 복식과 제도 연호를 쓰는 등 중국의 시스템을 받아들이기에 이른다. 자장의 40대와 50대의 일이다.

원녕사와 정암사 이야기

이제 자장법사의 문수신앙과 관련된 이 두 절에 대한 이야기로 시작하고자 한다. 먼저 원녕사에 대하여 들여다보자. 삼국유사에는 다음과 같은 기록이 전한다.

> (자장은) 일찍이 두 부모를 여의고 속세의 시끄러움을 싫어해서 처자를 버리고, 자기의 전원을 내어 원녕사로 삼았다. … 또 자신이 출생한 마을의 집을 원녕사로 고쳐 짓고 낙성회를 설하여 화엄

태백산 정암사 수마노탑

경 1만게를 강론하니, 오십이녀가 감응하여 몸을 나타내 설법을 들었다.

[삼국유사 권 제4, 의해 5 자장정율]

법사가 정관 17년(643) 이 산에 이르러 (문수의) 신신을 보려고 하였으나 3일 동안 흐리고 어두컴컴한 날이 계속되어 뜻을 이루지 못하고 돌아갔다. 다시 원녕사에 갔다가 문수를 보았다.

[삼국유사 권 제3, 탑상 4 대산오만진신]

현재 원녕사의 정확한 위치는 알 수 없으나, 경상북도에 있었던 절로 자장이 자신이 태어난 곳의 전원田園을 내어 창건하였는데 이와 같이 이 절에서 문수를 친견하는 등 신이한 행적이 많다.

화엄경 1만 게송과 52여인의 감응도 대단한데 당 유학 후 강릉 오대산에서 못 만난 문수보살을 원녕사에 머물다가 만나게 되었다는 점을 주목해야 한다. 원녕사의 원녕을 열반이나 해탈의 뜻으로 보기도 하고 52선지식 여인의 등장을 화엄경 52지위를 상징한다고 보기도 한다.

앞으로 우리가 풀어야 할 위치 비정과 함께 원녕사의 의미, 문수보살 친견의 수수께끼를 함께 풀어갈 눈밝은 이를 기다린다.

정암사는 현재 강원도 정선군 고한읍 고한리에 있다. 월정사月精寺의 말사이다. 우리나라 5대 적멸보궁의 하나로서 갈래사葛來寺라고도 한다. 이에 대해 삼국유사와는 다른 기록이 있다. 자장이 636년(선덕여왕 5)에 당

도량에서 바라본 정암사 수마노탑

나라에 들어가 문수도량인 산시성 운제사^{雲際寺}에서 7일이 아닌 21일 동안 치성을 올려 문수보살을 친견하고, 석가의 신보^{神寶}를 얻어 귀국한 후 전국 각지 5곳에 이를 나누어 모셨는데, 그 중 한 곳이 이 절이었다는 것이다. 신보는 석가의 정골사리와 가사·염주 등인데, 지금도 함백산 정암사 뒤편 보물 제410호인 수마노탑^{水瑪瑙塔}에 봉안되어 있다. 정암사 적멸보궁은 이를 지키기 위하여 건립한 것으로 법당에는 따로 불상을 모시지 않고 있다.

그렇다면 정암사의 수마노탑^{水瑪瑙塔}의 뜻은 무엇일까.

자장이 643년(선덕여왕 12) 당나라에서 돌아올 때 서해 용왕이 자장율사의 신심에 감화되어 마노석^{瑪瑙石}을 배에 싣고 동해 울진포를 지나 신력으로 갈래산에 비장해 두었다가, 자장율사가 이 절을 창건할 때 이 돌로써 탑을 건조하게 했다는 유래에서 마노탑이라 하였다한다.

그렇다면 마노탑 앞에 붙는 '水'는 무슨 뜻일까. 물길을 따라 이 돌이 반입되었다고 해서 '수'자를 앞에 붙여 수마노탑이라고 하였다는 것이다.

이 탑을 세운 목적 또한 황룡사 구층탑과 같이 전란이 없고 날씨가 고르며, 나라가 복되고 백성이 편안하게 살기를 염원하는데 있다고 한다.

이와 더불어 이 절에는 금탑과 은탑의 전설이 전해내려 온다. 정암사의 북쪽으로 금대봉이 있고 남쪽으로 은대봉이 있는데 그 가운데 금탑·은탑·마노탑의 삼보탑이 있다고 한다. 마노탑은 사람이 세웠으므로 세인들이 볼 수 있으나 금탑과 은탑은 자장이 후세 중생들의 탐심을 우려하여 불심이 없는 중생들이 육안으로 볼 수 없도록 비장^{秘藏} 하였다고 전해지니 불심 있는 불자들이 찾기를 권한다.

자장율사는 그의 어머니에게 금탑과 은탑을 구경시키기 위하여 동구에 연못을 파서 보게 했는데, 지금의 못골이 그 유지이며 지상에는 삼지암^{三池庵}이 있었다는 전설이 전해진다.

그 밖에도 적멸보궁 입구의 석단에는 선장단^{禪杖壇}이라는 고목이 있는데 이 나무는 자장율사가 짚고 다니던 지팡이를 심었는데 나무로 자란 것이라 한다. 신기한 점은 고목이 옛날 그대로 손상된 곳이 없다는 것인데, 다시 이 나무에 잎이 피면 자장율사가 환생한다고 하니 우리는 자장의 현신을 기대해 봐도 좋을 것이다.

한편 정암사는 자장이 최후를 맞이하는 절이기도 하다. 그 결말이 우리의 예상을 완전히 뒤엎는 드라마틱한 반전의 모습을 보이는데서 이 절 또한 원녕사와 쌍벽을 이룬다.

사적기^{事蹟記}에 의하면 자장은 말년에 강릉 수다사^{水多寺}에 머물렀는데, 하루는 꿈에 이승^{異僧}이 나타나 "내일 대송정^{大松汀}에서 보리라."라고 하였다. 아침에 대송정에 가니 문수보살이 내현하여 "태백산 갈반지^{葛蟠地}에서 만나자."하고 사라졌다.

자장은 태백산으로 들어가 갈반지를 찾다가, 어느 날 큰 구렁이가 똬리를 틀고 있는 것을 보고 제자에게 '이곳이 갈반지'라 이르고 석남원^{石南院}을 지었는데, 이 절이 정암사이다.

사장이 이곳에서 문수보살이 오기를 기다리던 어느 날, 떨어진 방포^{方袍}를 걸친 늙은 거사가 칡으로 만든 삼태기에 죽은 강아지를 담아 와서 자장을 만나러 왔다고 하였다. 시자가 스승의 이름을 함부로 부르는 것을 못마땅히 여기고 자장에게 이 사실을 알렸으나 자장 또한 미처 깨닫지 못하고 미친 사람으로 생각하여 만나지 않는다.

거사는 "아상^{我相}을 가진 자가 어찌 나를 알아보겠는가." 하고 삼태기를 쏟자 죽은 강아지가 사자보좌로 바뀌었으며, 그 보좌에 올라 앉아 빛을 발하면서 가버렸다.

이 말을 들은 자장이 황급히 쫓아가 고개에 올랐으나 벌써 멀리 사라져 도저히 따를 수 없었다. 자장은 그 자리에 쓰러진 채 죽었는데, 뼈를 석혈^{石穴}에 안치했다고 전한다.

진골 왕족으로 태어나 계율을 지키겠다며 재상도 마다하고 백골관을 닦으며 중국에 가서 화엄종의 두순과 율종의 도선에게 배웠다. 당태종과 고종의 존경과 흠모를 한 몸에 받고 선덕여왕과 진덕여왕, 태종무열왕에 이르기까지 신라불국토의 안팎을 구축하고 건사한 자장의 최후는 아직도 미스터리, 미스터리 일색이다.

우선 그 생애 마지막 절이 정암사라는 것만을 밝혀 두고 그 다음 자장이 머물렀던 수다사와 월정사 이야기를 따라가 보자. 이 글을 읽는 눈밝은 불자들이 무엇을 발견할 수 있을지 자못 흥미롭고 기대가 된다.

정암사 일주문

#09

삼국유사, 자장과 선덕여왕의 신라불국토 프로젝트

자장의 월정사와
수다사 이야기

월정사와 수다사는 자장이 문수신앙을 펼치기 위해 오대산에 머물던 절들이다. 이제 그토록
자장이 만나고 싶어 하던 문수를 만나러 한 번 길을 나서야겠다. 각자의 문수는 지금 어느 곳
에 있는지 곰곰이 사색하며 월정사 전나무 숲길을 걸을 일이다.

자장의 월정사와
수다사 이야기

월정사와의 시절인연

이제 월정사에 대한 이야기를 할 때가 왔다. 사실 필자의 불교와의 첫 인연은 월정사로부터 시작되었다. 1984년도쯤 되었을까. 친구들과 셋이서 강원도로 여행을 떠났다. 그 누구도 불자가 아니었던 세 사람은 소금강을 거쳐 상원사로 갔다가 서울에 갈 요량이었다. 그때만 해도 아무 것도 모르는 서울 촌뜨기들 셋이 언제든 시외버스 터미널에 가면 서울 가는 버스를 탈 줄 알고 저녁 해가 뉘엿뉘엿 지는데도 천하태평으로 진부 버스터미널로 세월아 네월아 하며 걷고 있었다.

자가용이 귀한 시절, 더구나 오대산 산길에 웬 승용차가 지나가다 서더니 스님께서 어디 가느냐고 물으셨다. 서울 간다고 하니 버스는 벌써 끊어졌다고 하시며 이미 만석인 승용차에 셋을 더 구겨 넣으셨다. 열 명은 탄 것 같은 느낌. 그리고 월정사에 데려가 주지스님께 인사시키고 탄허스님 다비식 비디오를 보여주셨다. 그때는 비디오도 귀한 시절이었다. 그렇게 월정사와 탄허스님을 만났다.

주지스님께서는 특별히 스님 드시는 음식과 과일을 이 천둥벌거숭이 이십대 청년들에게 아낌없이 나눠주시고 좋은 방에서 재워주셨다. 그렇게 불교와 인연이 시작되었다.

그때만 해도 대학원 석사과정이던 필자가 훈민정음 불경 '석보상절'을 전공하게 될 줄은 몰랐다. 차츰 그렇게 불교에 다가가며 세월이 흘러 1994년 가을이 되었다. 불교공부를 시작한 필자는 탄허스님의 '화엄경소 현토본'을 의지해 봉선사 불경서당에서 월운스님께 '화엄경소'를 배우기 시작했다. 시절인연의 씨앗은 10년전 그때부터 심어졌던 것이다.

그리고 2019년 결국 '삼국유사 속 자장스님의 월정사 창건 이야기'를 쓰고 있다. 신기하고 신기하다.

문수신앙의 산실 월정사와 수다사

자장과 오대산 신앙에 중요한 절들이 있다. 정암사는 입적 전에 살던 절이었고 이제 소개할 월정사와 수다사는 문수신앙을 펼치기 위해 오대산에 머물던 절들이다.

자장이 초가를 짓고 지냈던 월정사는 훗날 범일대사의 제자인 두타 신의가 자장이 살던 곳에 암자를 짓고 살았다 전한다. 신의가 죽자 암자도 폐허가 되었는데 그 뒤에 새로 암자를 짓고 산 이가 있었으니 수다사에 살던 유연장로라고 '대산 오만진신' 조에 나온다. 이 유연스님이 제대로 된 월정사를 짓는다.

월정사는 『삼국유사』〈대산 오만진신〉 조에는 자장법사가 선덕여왕 12년(643) 문수보살을 친견하려고 3일 동안 머문 자리라고 한다. 또 〈오대산 월정사 오류성중〉 조에는 7일 동안이라고 전하며 다음과 같이 기록하고 있다.

> 절 안에 전해 오는 고기古記를 상고하여 보면 이렇게 말했다. 자장법사慈藏法師는 오대산五臺山에 처음 이르러 진신眞身을 보려고 산기슭에 모옥茅屋을 짓고 살았으나, 7일 동안이나 나타나지 않았다. 그 뒤에 신효거사信孝居士라는 이가 있었는데 혹은 유동보살幼童菩薩의 화신化身이라고도 했는데… 성오평省烏坪을 지나서 자장법사慈藏法師가 처음 모옥茅屋을 지은 곳으로 들어가 살았다.

이 모옥이 월정사의 시초이다. 그러므로 월정사는 자장이 중국의 오대산 문수신앙을 강원도 오대산에 정착시킨 중요한 절이다.

> 산중에 있는 고전古傳을 상고해 보면 이렇게 말했다. "이 산〈오대

산〉을 진성^{眞聖}, 즉 문수보살이 살던 곳이라고 이름지은 것은 자
장 법사로부터 시작되었다." 〈대산 오만진신〉

자장은 주지하는 바와 같이 636년 문수보살을 친견하고자 당나라로 유
학을 떠나 오대산 태화지에서 문수보살에게 4구게를 얻고 석가모니의 금
란가사와 사리를 전수받는다.

한편 우리나라 강릉 오대산에도 1만 문수보살이 살고 있으니 자장은 그
곳에서 문수보살을 만나라는 수기를 받는다.

또 태화지에 사는 지용^{池龍}으로부터 수기한 스님이 문수보살이니 절을 짓
고 탑을 세우라는 부탁을 받는다. 그것이 월정사라는 것이다.

> 월정사^{月精寺}는 처음에 자장법사가 모옥을 지었으며, 그 다음에 는
> 신효거사^{信孝居士}가 와서 살았고, 그 다음에는 범일^{梵日}의 제자인 신
> 의두타^{信義頭陀}가 와서 암자를 세우고 살았으며 뒤에 또 수다사^{水多}
> ^寺 장로^{長老} 유연^{有緣}이 와서 살았다. 이로부터 점점 큰 절을 이루었
> 다. 절의 다섯 성중^{聖衆}과 9층으로 된 석탑^{石塔}은 모두 성자^{聖者}의 자
> 취이다.

월정사는 오대 중 중대에 세워진다. 그리고 오류성중이라고 하는 것은
오대산 오대에 상주한다고 하는 관음(동대), 대세지(서대), 지장(남대),
석가(북대), 문수(중대)의 불보살을 가리킨다. 또한 월정사의 팔각 구층
탑도 자장이 세웠다고 전해지는데 탑의 양식으로 보아 고려 시대나 조선
시대의 것으로 보기도 한다.

오대산 월정사 팔각구층석탑

강원도 수다사 터 수항리탑

한편 수다사는 〈자장정율〉 조에 자장이 말년에 수다사에서 여생을 보냈
다는 기록으로 보아 7세기 중엽에 창건된 것으로 추측되나 초창기의 이
절 또한 아직 제대로 규모를 갖추지 못했던 것으로 추측된다. 현재 남아
있는 유물도 고려 초기의 것이 대부분이다.

만년晚年에는 서울(서라벌)을 하직하고 강릉군(명주溟州)에 수다
사水多寺를 세우고 거기에 살았더니 북대北臺에서 본 것과 같은 형상
을 한 이상한 중이 다시 꿈에 나타나서 말했다. "내일 대송정 大松
汀에서 그대를 만날 것이다." 자장이 놀라 일어나서 일찍 송정 松汀
에 가니 괴연 문수보살文殊菩薩이 감응感應하여 와 있었다.
『삼국유사』〈자장정율 조〉

훗날 유연장로도 살았다는 수다사는 최근 강원도 평창군 진부면 수항
리에 있는 절터로 확인되었다. '수항리사지'라고 불려져 왔으나, 1983년
'태백곡 수다사太白谷 水多寺' 등의 명문銘文 기와가 발견되어 이곳이 수다사
터라는 사실이 밝혀졌다.

2018년 평창 동계올림픽으로 월정사와 수다사는 다시 조명을 받았었
다. 자장의 문수신앙의 발원지이자 여생을 보낸 오대산. 〈대산 월정사〉
조에서 '나라 안의 명산名山 중에서도 이곳이 가장 좋은 곳이니 불법佛法이
길이 번창할 곳'이라고 지관이 말하였다고 한다.
이제 그토록 자장이 만나고 싶어 하던 문수를 만나러 한번 길을 나서야
겠다. 각자의 문수는 지금 어느 곳에 있는지 곰곰이 사색하며 월정사 전
나무 숲길을 걸을 일이다.

오대산 월정사 전나무 숲길

#10

삼국유사, 자장과 선덕여왕의 신라불국토 프로젝트

자장율사와
원광법사

이제 자장율사와 연관되는 원광법사 이야기를 할 차례이다. 자장이 '오백생율사, 호법보살'로 유명한 저변에는 원광 법사의 '세속오계'가 바탕이 되었을지 모른다. 그리하여 우리가 자장을 율사로 부르고 원광을 법사로 부르게 된 연유의 실마리를 찾아볼 수 있을지도 모른다

자장율사와
원광법사

율사와 법사의 실마리

이제 자장율사와 연관되는 원광법사 이야기를 할 차례이다. 자장이 '오백생율사, 호법보살'로 유명한 저변에는 원광 법사의 '세속오계'가 바탕이 되었을지 모른다.

그리하여 우리가 자장을 율사로 부르고 원광을 법사로 부르게 된 연유의 실마리를 찾아볼 수 있을지도 모른다. 특히 원광의 세속오계는 불교의 오계와는 확연히 다르다.

원광도 생몰연대가 자장과 같이 확실하지 않고 기록마다 분분하다. 게다가 성씨도 삼국유사에는 박씨, 수이전에는 설씨 등으로 나타나고 서로 다른 성씨로 인해 원광은 귀족이 아니라 육두품 출신일 것이라는 등 학설도 다양하다.

과연 그럴까. 우리는 이제부터 원광이 왕족이었다고 주장할 것이다. 신라의 가계도는 난이도 최상급이므로 정신차리고 읽거나 그려가며 읽어도 좋을 것이다.

원광법사는 원광율사

원광은 대략 진흥왕 16년(555년)에 태어나 선덕여왕 7년(638년 : 『속 고승전』 532~630)까지 살았으니 자장(590~658 추정)과 같은 당대에 살았다고 할 수 있다.

자장의 아버지 무림공과 어머니 유모낭주의 가계에 대해서는 이미 살펴보았다. 무림공(579년생)은 14세 풍월주였는데 원광의 동생 보리공(573년생)은 12세 풍월주였다. 보리공의 가계는 형제인 원광의 가계와 같다.

원광은 이화랑과 숙명공주의 아들이다. 이화랑은 원조 풍월주 1세 위화랑의 아들이고 숙명공주는 지소태후의 딸이다. 숙명공주는 게다가 진흥왕의 왕비이기도 하였다. 숙명공주와 진흥왕의 어머니는 지소태후이다. 곧 아버지가 다른 남매의 결혼이다.

자장의 아버지 김무림은 진흥왕의 조카이자 지소태후의 손자이다. 모두

원광법사의 부도탑이 모셔진 경주 안강 금곡사

지소태후로 귀결된다. 원광은 지소태후의 외손이고 자장은 지소태후의 친고손이 된다. 이러한 복잡한 인척관계는 신라의 성골진골을 유지하려는 골품제도의 소산이다.

원광의 가계

필자는 주로 삼국유사의 이야기를 토대로 글을 쓰고 있지만 아무래도 원광의 가계도는 『화랑세기』의 힘을 빌려야 할 것 같다. 화랑세기의 저자 김대문은 원광의 동생인 12세 풍월주 보리공이 자신의 증조 할아버지라고 밝히고 있다.

이로 미루어 본다면 원광의 성씨는 김씨이다. 화랑세기를 토대로 김대문의 가계를 정리하면 '내물왕 - 미해 - 백흔공 - 섬신공 - 위화랑 - 이화랑 - 보리공 - 예원공 - 오기공 - 김대문'으로 이어진다. 그중 위화랑이 1세 풍월주, 이화랑이 4세 풍월주, 보리공이 12세 풍월주, 예원공이 20세 풍월주, 오기공이 28세 풍월주이다.

그렇다면 원광의 조상으로 등장해 김씨임을 증명하는 내물왕은 어떤 인물인가. 17대 내물마립간(재위 356~402)은 제13대 미추이사금(재위 262~284)의 동생인 각간 말구의 아들이며, 어머니는 휴례부인 김씨이다. 하지만 삼국유사에는 조부인 구도갈문왕이 아버지라고 기록되어 있

원광법사의 부도탑이 있는 경주 안강 금곡사

다. 내물마립간은 미추이사금의 딸인 보반부인 김씨와 결혼해 눌지마립 간과 미사흔, 복호 등을 낳았다.

원광의 출가와 행적

일단 이렇게 가계를 정리하면 12세 풍월주 보리공의 형인 원광(555?-643?)과 14세 풍월주 김무림의 아들 자장(590?-658)의 생몰연대가 정확 하진 않지만 최소 30년 차이는 나는 것 같다. 원광의 궤적을 살펴보자.

원광은 13세에 출가하였고, 30세에 경주 안강의 삼기산에 금곡 사金谷寺를 창건하고 수도하였다. 34세에 주술을 좋아하는 한 승 려의 죽음을 보고 발심하여 589년(진평왕 11) 진나라에 갔다. 중 국의 금릉金陵 장엄사莊嚴寺를 비롯한 여러 강석에 다니면서 『성실 론』, 『열반경』 등을 공부한 뒤, 오나라의 호구산에 들어가 선정에 힘썼다. 『아함경』을 연구하면서 그곳에서 여생을 마치고자 하였 으나, 많은 수행자들이 찾아와서 강의를 청하였고 『성실론』과 『반야경』을 설하면서부터 이름이 알려졌다.

이때 남북조로 갈라져 있던 중국은 수나라에 의하여 통일되었는 데, 진나라의 수도인 양도에서 원광은 전쟁포로로 붙잡혔다가 풀 려나 장안의 홍선사興善寺로 갔다. 그곳에서는 『섭대승론』에 대한 연구가 크게 일어나고 있었는데, 원광은 거기에서 섭론종攝論宗의 논서들을 연구하였다. 이때 그는 이미 중국 불교계에 이름이 널리 알려져 있었다.

신라에서 귀국을 요청하자, 600년에 귀국하여 삼기산에 머물면서 대승경전을 강의하였다. 그 뒤 가실사(현재 운문사)에 머물렀는데, 이 때 귀산貴山과 추항箒項 이 찾아와서 계명誡銘을 구하자, 화랑의 실천 덕목으로「세속오계」를 주었다.

608년(진평 30) 왕의 요청으로 수나라 원정군을 청하는「걸사표乞師表」를 지어 수나라 양제煬帝에게 보내자, 양제는 직접 30만 군사를 거느리고 고구려를 정벌하러 왔다. 613년 수나라의 사신이 왕세의王世儀였는데, 이때 최상석에서 법회를 주관하였다.
또한, 주술이 커다란 힘을 가지고 있는 것으로 인식되었던 당시, 주술을 불교의 수계와 참회의 법으로 대치시킴으로써 불교의 토착화를 꾀하였다.

가서사(운문사)에서 점찰법회를 정기적으로 베풀 기금을 마련하였으며, 임금의 병을 수계·멸참滅懺으로 치료하기도 했다. 입적한 나이에 대해서는 99세와 84세의 두 가지 설이 있으나, 일반적으로 84세설을 채택하고 있다.

원광과 자장의 계율

이것이 간략한 원광의 생애이다. 자장과 원광은 어떤 점이 서로 같고 다른가. 원광이 섭론종의 논서를 연구하였는데 자장도『섭대승론』을 강의

하였다는 일치점이 있다. 그는 대승불교를 공부한 신라 최초의 학승으로 알려져 있고 우리나라 최초의 여래장 사상가라 할 수 있다. 「세속오계」와 「걸사표」 등을 통하여 유교에도 깊은 소양을 쌓았음을 확인할 수 있다.

무엇보다 우리가 주목할 것은 자장과 대비되는 원광의 세속오계이다. 종종 우리는 혼동하기도 하는 이 둘의 다섯가지 계율.

원광 세속오계(화랑오계)	자장의 불자오계(사미오계)
① 충성으로써 임금을 섬긴다(事君以忠)	① 생명을 죽이지 말라(不殺生)
② 효도로써 어버이를 섬긴다(事親以孝)	② 주지 않는 것을 가지지 말라(不偸盜)
③ 믿음으로써 벗을 사귄다(交友以信)	③ 사음하지 말라(不邪婬)
④ 싸움에 임해서는 물러남이 없다(臨戰無退)	④ 진실되지 않은 거짓말을 하지 말라(不妄語)
⑤ 산 것을 죽임에는 가려서 한다(殺生有擇)	⑤ 술을 마시지 말라(不飮酒)

원광법사는 원래 유교를 공부하였다고 한다. 그리하여 충효나 인의예지신의 관점으로 세속오계를 비교하기도 한다. 지금으로 해석하자면 첫째 나라를 위해 일하고 둘째 부모님께 효도하고 셋째 친구의 가장 좋은 덕목은 신뢰라는 것이다. 21세기에도 그대로 적용되는 인간의 덕목이다. 넷째와 다섯째가 과연 불교도가 할 수 있는 말인가 의론이 분분하다. 자장율사의 '불살생'에 정면으로 배치하기 때문이다. 그러나 자장의 오계가 삼국시대 무사였던 화랑들에게 주는 규칙이라면 어떻게 했을 것인가.

운문사 옛이름 자취 작갑전

'불살생'하라면 적에게 목숨을 내놓는 일이다. 또 죽이지 않겠다고 적군
과의 싸움에서 물러난다면 나라와 부모까지 죽게 하는 일이다.

여기서 원광의 「세속오계」라는 고육지책이 등장한 것이라 생각한다. 군
인이 되어 불가항력으로 싸워야 한다면 이겨야 한다. 후퇴는 죽음이다.
그러나 내가 살기 위해 무자비하게 죽이는 것이 아니라 기준이 있어야 한
다. 지금도 전쟁할 때 노약자나 구호시설, 피난시설은 공격하지 않는 것
처럼 자장의 오계도 불자뿐만이 아니라 우리 모두에게 여전히 유효하다.
인생을 전쟁터에 비유하기도 한다. 약육강식의 세계, 적자생존의 세계.
그렇다고 함부로 죽이거나 약자의 것을 힘으로 빼앗거나 사기를 치거나
비윤리적이면 법의 제재를 받는다. 원광의 계율이 이 전쟁 시기에 임하는
필수불가결한 비상시의 규범이라면 자장의 계율은 불자를 막론하고 인
간이 살아가는데 필요한 최소한의 덕목인 것이다.

부처 원광, 화랑 보리 형제의 신라불국토

『화랑세기』에 보면 원광이 동생 보리에게 다음과 같은 말을 한다. '나는
부처가 되고 너는 화랑이 되면 우리나라를 평안하게 할 수 있을 것이다.'
원광의 태몽은 약사불이 숙명공주의 배 안으로 들어오는 모습이었다고

한다. 그 직후 이화랑을 만나 원광을 낳으니 과연 '대성여래'였다는 것이다. 그의 동생 보리공은 573년에 태어나 맏이인 원광과 나이 차이가 십수년에 이른다. 그 사이에 화명, 옥명 두 여동생이 있어 원광은 4남매의 맏이로 기록되고 있다.

보리공은 또한 자장의 외할아버지인 11세 풍월주 하종의 부제이기도 하였다. 보리공은 보리사문으로도 불리는데 12세 풍월주로 상선^{上仙}의 지위에 있었지만 만년에 불교에 귀의하여 원광을 도왔다.

보리공의 두 부인 만룡과 후단도 비구니가 되어 출가하였다고 한다. 신라에서는 법흥, 진흥의 왕비만 만년에 출가한 것이 아니다.

이처럼 겹겹의 골품유지를 위한 근친결혼과 모계혈통으로 이어지는 혼맥으로 얽혀 있어 신라의 남녀관계는 얼핏 난잡하게 보이지만 그들 나름대로 지켜야 할 오계 이상의 정교한 정실관계의 원칙이 있었다.

모계중심으로 본 원광과 자장

원광과 보리 형제, 그리고 하종과 부제 보리, 하종의 딸 유모, 14세 풍월주 무림공과 유모의 혼인, 무림과 유모의 아들 자장. 이렇게 남자들의 관계로 이어진다. 그러나 모계로 보면 더욱 단순명쾌하다.

지소태후의 딸 숙명, 숙명의 아들 원광과 보리. 지소태후의 딸 송화공주, 송화공주의 아들 무림, 무림의 아들 자장인 것이다.

이처럼 원광과 자장의 관계를 지소태후 손자와 증손자의 촌수로 풀어보았다. 하나는 세속오계, 하나는 불자오계로 기억되고 있다. 30년 한 세대 차이로 달라지는 계율의 차이는 무엇인가. 여전히 엉성한 우리 고대사 자료, 그나마 있는 『화랑세기』도 위서라고 치부하는 학자들…
삼촌에 해당하는 원광은 그리하여 사료마다 성씨가 박, 설, 김으로 들쑥날쑥인데 보시라, 화랑세기에는 그의 혈통과 계보가 이렇게 고스란히 남아있다. 송고승전, 수이전만 참조한 학자들은 원광이 6두품이네 귀족과 대립했네 그야말로 설설설, 썰전이 펼쳐진다.

어쩌다 삼국유사를 만나 6세기, 7세기 시간여행자가 된 필자는 그들의 먼지를 떨어내고 숨을 불어넣고 함께 울고 웃는다. 그러다가 타임 슬립, 다시 21세기로 돌아와 21세기 사람들이 그들을 몰라주는 것에 또다시 애면글면.
정작 내가 속한 21세기 정치나 역사에는 이만큼의 관심도 참여도 없는 나를 마주한다. 어쩌면 현재 용광로처럼 들끓는 생의 한가운데에서는 전체를 애초에 조망할 수 없기에 신라와 고려에 징검돌을 놓고 끊임없이 나의 좌표를 확인하는 것인지도 모르겠다.

청도 운문사 삼층석탑

#11
삼국유사, 자장과 선덕여왕의 신라불국토 프로젝트

자장율사는
명랑법사의 외삼촌

명랑법사는 668년 당나라 수군을 물리치기 위해 그 유명한 밀교의 문두루비법을 쓰고 사천왕
사를 오색채단으로 지어 풍전등화의 신라를 두 번이나 구해낸다. 그의 어머니가 자장율사의
누이동생 법승랑이다. 할아버지 김무림의 지장신앙과 자장율사의 문수신앙의 뒤를 이어 밀교
신앙으로 나라를 지키는 명랑법사의 이야기가 진진하다.

자장율사는
명랑법사의 외삼촌

7세기 신라 석학들과 자장

자장율사의 이야기는 선덕여왕으로 시작해 7세기 석학이자 고승들을 중 중무진 인드라망으로 엮으며 대단원으로 치닫고 있다. 지난 이야기에서 자장의 오촌 원광법사에 대하여 살펴보았다. 그렇다면 사천왕사를 지어 당나라 수군을 물리친 명랑법사와는 어떤 관계가 있을까.

바로 자장의 누이 법승랑의 아들이 명랑이다. 그러니까 자장은 무림공 부부가 천부관음께 기도를 해서 어렵게 태어났는데 그 이후 '법승랑'이라 는 여동생도 생겼다는 사실을 알 수 있다.

『삼국유사』「신주편」〈명랑법사의 신인종[明朗神印]〉이야기는 다음과 같이 기록하고 있다.

> 법사의 이름은 명랑^{明朗}이고 자는 국육^{國育}이며, 신라의 사간^{沙干} 재량^{才良}의 아들이다. 어머니는 남간부인^{南澗夫人}인데 법승랑^{法乘娘}이라고도 하며 소판^{蘇判} 무림^{茂林}의 딸 김씨이니, 즉 자장^{慈藏}의 누이동생이다. 재량에게는 아들 셋이 있었는데, 맏아들은 국교대덕^{國教大德}이고 다음은 의안대덕^{義安大德}이며 법사는 막내아들이다. 처음에 어머니가 꿈에 푸른색 구슬을 삼키고 임신을 하였다.

남간부인 법승랑의 이름은 법의 수레, dharma yana 정도되는 이름이니 이 또한 예사롭지 않다. 대승을 큰 수레 maha yana, 소승을 작은 수레 hina yana라고 부른다.

자장의 어릴 때 이름은 선종랑^{善宗郎}이다. 선종랑은 석가모니부처와 같은 사월 초파일에 태어나 가히 신라의 부처 역할을 하였다. 신라에 부처의 진신사리와 법사리인 불교 경전을 중국에서 들여오고 황룡사 구층탑과 통도사, 오대산 문수신앙을 뿌리내린 명실상부 신라를 불국토로 장엄한 신라의 부처였다. 곧 불법승^{佛法僧} 삼보 중 그가 '불^佛'이라면 그의 여동생은 '법의 수레' '법^法'이다. 이제 '승^僧'이 남았다. 그런데 법승랑의 아들 셋이 모두 고승대덕^{高僧大德}이 되는 것이다.

자장의 부모는 천부관음께 아이를 낳으면 불교의 진량^{津梁}을 삼겠다고 발원한다. 그 발원은 삼대에 걸쳐서 삼보의 진량이 된다. 탈의 지장보살

김무림, 그의 아들 관음보살, 문수보살 자장율사, 그의 손자들 호국대덕 신인종 명랑법사들로 이어지는 서원의 실현. 옛 사람의 발원의 경지에 경건 숙연해지는 장면이다.

필자도 아침마다 십여 년째 108배로 기도하고 발원하고 있다. 주로 코 앞에 닥친 난제 해결과 가족의 건강, 소원성취가 주 발원대상이다. 티벳에 가서 배워 온 이 세상 모든 유정무정, 살아있는 것에 대한 행복기원을 그나마 요즘에서야 마지막 인사로 넣고 있다. 앞으로 다음 생까지는 몰라도 대를 이어 불교의 진량이 되도록 기도하는 방법을 배우는 올해의 가르침이다.

안타깝게도 '법승랑'에 대한 이야기는 삼국유사에 더 이상 전해지지 않는다. 그러나 오라버니 자장과 아들 명랑을 통해 그야말로 불교의 다리와 대들보 역할을 짚어 볼 수 있지 않을까.

자장의 누이 법승랑의 세 아들 이름이 각각 국교國敎, 의안義安, 국육國育으로 명랑은 막내 국육이다. 자장의 위업을 계승하여 '나라를 가르치고 의례로 편안케하며 나라를 발전'시킨다. 바로 삼촌 자장과 오촌 선덕여왕의 불국토가 아닌가. 법승랑 또한 선덕의 사촌 여동생이다. 7세기 신라의 불국토 염원은 이토록 간절하고 실천적이었다.

명랑법사의 신라불국토

특히 명랑은 어머니 법승랑이 푸른 구슬을 삼키는 태몽으로 태어났는데 어렵지 않게 용의 여의주를 연상할 수 있다.

명랑법사의 중심 행적이 용왕을 만나고 바다의 풍랑을 일으켜 당나라 군대를 격퇴하는 것이다. 그러므로 어머니 법승랑의 예지몽은 명랑의 활약을 미리 점지해주는 잘 짜인 각본이라 할 수 있다. 아버지 재량은 17관등 중 8관등인 사간으로 원효의 아버지 설담날 11관등 나마처럼 육두품이다. 이 또한 왕족인 모계와는 잘 들어맞지 않는 미스터리이다.

자장의 생일은 사월 초파일로 정확히 알려져 있지만 태어난 연도는 모른다. 590년으로 추정하고 있지만 아버지 무림공이 579년생으로 화랑세기에 기록되어 있고 사별 후 재혼으로 자장을 낳게 되므로 잘맞지 않는다. 명랑의 생몰연도도 알려져 있지 않다.

다만 선덕여왕이 즉위한 632년(선덕왕 1년) 당나라로 건너가서 진언밀교眞言密敎의 비법을 배우고 3년 만에 귀국하였다는 것으로 보아 최소 20대는 되어야 하지 않을까 추정해본다면 610년 전후일 것이다.

> 귀국하는 길에 해룡海龍의 청으로 용궁에 들어가 비법을 전하였으며, 용왕으로부터 황금 1,000냥을 시주받고 귀국하여 그의 집을 헐고 절을 창건하였다. 용왕이 시주한 황금으로 탑상塔像을 장식

명랑법사가 지은 사천왕사터 녹유 사천왕상 전돌 파편(경주박물관)

사천왕사 터 귀부(경주시 배반동)

했더니 그 광채가 매우 찬란했으므로 금광사金光寺라 하였다고 한다. 삼국통일 뒤에는 사천왕사四天王寺를 창건하였다.

자신의 집을 황금으로 꾸며 금광사라 하였다지만 이것은 이중의 의미를 함축하고 있다. 명랑은 신라 밀교 '신인종神印宗'의 창시자이다. 밀교 경전으로 대승불교가 전파된 지역에서 가장 널리 영향을 끼친 경전이 '금광명경金光明經'이다. 그러므로 그의 집을 고쳐 만든 금빛 찬란한 절은 금광명경을 소의경전으로 하는 명랑법사의 밀교를 상징하는 이름이기도 하다. 특히 이 경전은 법화경, 인왕경과 함께 나라를 보호하는 호국삼부경으로도 이름이 높았다.

명랑법사의 사천왕사 이야기

그리하여 문무왕 8년인 668년 당나라 수군을 물리치기 위해 그 유명한 밀교의 문두루 비법을 쓰고 사천왕사를 오색채단으로 임시 가설해 풍전 등화의 신라를 구해낸다. 그 이야기는 『삼국유사』 「기이편」 〈문무왕 법민〉 조에 전한다.

이때 당나라가 백제 진지에 머물러 있으면서 우리 신라를 습격하려고 꾀하는 자가 있었다. (문무)왕이 이를 깨닫고 군사를 일으켰다. 다음 해 고종이 김인문 등을 불러 꾸짖어 말하였다.

"너희들이 우리 군사를 요청하여 고구려를 멸망시켰는데, 우리를
해치는 것은 어째서인가?"
이렇게 말하고는 인문 등을 가두고, 군사 50만을 훈련시켜서 설
방 薛邦을 장수로 삼아 신라를 치려고 하였다.

이 당시 의상대사義相大師가 서쪽으로 당나라에 들어가서 인문 등
을 만났다. 인문이 이 사실을 알려주자, 의상대사는 돌아와서 왕
에게 아뢰었다. 왕은 크게 걱정하며 여러 신하들을 모아서 방어할
대책을 물었다. 각간 김천존金天尊이 아뢰었다.
"근래에 명랑법사明朗法師가 용궁에 들어가 비법을 전수받아 왔으
니, 청하옵건대 그를 불러 물어보십시오."

명랑대사가 와서 이렇게 말하였다.
"낭산狼山의 남쪽에 신유림神遊林이 있습니다. 그곳에 사천왕사四天王
寺를 창건하고 도량을 개설하면 될 것입니다."
왕이 명랑을 불러 말하였다.
"사태가 벌써 급박하게 되었으니 어찌해야 하는가?"
"채색 비단으로 임시로 절을 지으시면 됩니다."

그래서 채색 비단으로 절을 꾸미고 풀로 동서남북과 중앙의 다섯
방위를 맡은 오방신상五方神像을 만들었다. 그리고 유가瑜珈에 밝은
스님 12명에게 명랑을 우두머리로 삼아 문두루文豆婁 비법을 쓰게
하였다.
그러자 당나라와 신라의 군사가 아직 싸움을 하지도 않았는데
바람과 파도가 사납게 일어 당나라 배들이 모두 침몰하였다. 그
후 절을 고쳐서 다시 짓고 사천왕사四天王寺라고 하였다.

그렇다면 사천왕사는 어떠한 절인가. 이미 647년 선덕여왕은 예지력으로 죽기 전에 자신을 도리천에 장사 지내 달라고 하고 신유림 위쪽 낭산에 안장된다. 그로부터 20여 년이 지나 명랑법사는 그 아래 사천왕천을 상징하는 사천왕사를 지어 당나라 군대를 물리치고 선덕여왕이 지정한 도리천의 정당성을 확고히 한다. 불교의 우주관에 따르면 도리천은 세계의 중심인 수미산에 있는 33천을 뜻하며 욕계육천 중 사천왕천 위에 존재한다.

또한 당시에 유가종이 성행했음도 알 수 있다. 신라시대의 표기 방식 중 하나인 각필부호나 석독 구결 자료가 최근에 많이 발견되고 있는데 주로 법성종인 『화엄경』과 법상종으로 대표되는 『유가사지론』 등 유가경전이 많은 것도 또 하나의 방증이 된다고 할 수 있다. 이처럼 7세기 시절에는 당시 세상에 성행하는 모든 종류의 경전들이 신라에서 찬란히 꽃피웠음을 보여주고 있다.

이렇게 명랑은 삼촌 자장의 뒤를 이어 신라 불국토를 호국불교로 지켜내며 5촌 선덕여왕의 도리천을 수호하는 사천왕천의 상징 사천왕사를 짓는다. 그리하여 신라불국토 프로젝트를 구축해 하드웨어와 소프트웨어를 겸비한 자장율사와 선덕여왕의 든든한 버팀목으로 우뚝 선다.

이상과 같이 탈의 지장이라 불렸던 무림공에게서 선종랑 자장과 법승랑

남간부인 남매가 태어나 사촌 선덕여왕과 불국토 구축에 심혈을 기울였다.

법승랑은 삼형제를 낳아 출가시켜 모두 고승대덕으로 만들었다. 그 중 명랑법사는 그들이 구축한 불국토를 수호하기 위하여 호국불교 경전인 금광명경을 들여오고 태몽처럼 용왕의 여의주로 풍랑을 일으켜 당나라 수군을 두 번이나 물리친다.

오촌간인 선덕여왕의 도리천을 위한 사천왕사 짓는 것도 나라를 지키는 방편으로 대의명분을 갖춘다.

이러한 친인척 관계 이야기를 찾아낼수록 좀 더 구체적인 사료가 절실하다. 6세기와 7세기의 생생한 불교역사를 뒷받침할 다른 두 형제 대덕의 기록과 어머니 법승랑, 아버지 사간 재량의 역할이 궁금하다.

아직도 어딘가에서 잠자고 있을지 모를 우리의 기록문화재를 우리 스스로 눈밝은 이가 되어 찾아내기를 발원한다.

사천왕사 녹유 사천왕상 전돌

#12

삼국유사, 자장과 선덕여왕의 신라불국토 프로젝트

자장율사와 원효대사는
몇 촌간일까

자장은 원광의 조카뻘이고 원효는 원광의 손자뻘이다. 자장은 명랑의 삼촌이다. 신라 7세기 촌수가 너무 복잡하고 부계와 모계가 근친 결혼을 하여 계산하기 어렵다. 어쨌든 이렇게 혈연으로 뭉친 신라 대표 승려들이 모두 7세기에 활약하며 신라불국토를 실현시켜 나갔다는 것이 중요하다.

자장율사와 원효대사는
몇 촌간일까

신라불국토 주역들의 인척관계

자장은 590년에 태어난 것으로 추정되고 있으나 아버지 무림공이 579년 출생으로 화랑세기에 기록되어 있다. 이것을 기준으로 한다면 자장의 출생은 600년 이후로 보는것이 타당하지 않을까 생각한다.

자장의 조카 명랑법사 또한 생몰년대가 알려져있지 않은데 이에 비추어 본다면 620년 이후가 될 것이다. 어쨌든 신라의 왕위 계승만 성골과 진골 골품제도로 유지되었다고 생각해 왔는데 신라불교의 계승과 발전 또한 이렇게 친인척 간의 연결고리로 면면히 이어져 오고 있음을 확인한 것도 자장과 선덕여왕 사촌 간의 신라불국토 프로젝트 스토리텔링의 커다란 수확이다.

이제 자장과 원효 또한 인척 관계였음을 살펴보고자 한다. 원효는 정확한 생몰연대가 알려져 있는 신라 대표 스님이다. 이들의 출생연도를 기준으로 그들의 관계와 활동을 살펴보자.

원효대사(617~686)는 잉피공의 손자이다. 잉피공의 아버지는 7세 풍월주 설화랑이고 어머니는 준화이다. 준화는 원광법사(555~638)의 아버지 이화랑의 누나이기도 하다. 준화와 이화랑의 아버지는 1세 풍월주 위화랑이다. 그러니까 원광은 이화랑의 아들이요, 원효는 이화랑 누나 준화의 증손자이다.

또한 원광은 지소태후의 외손이고 자장은 지소태후의 친증손이 된다. 자장의 아버지 무림공(579년생)은 14세 풍월주이고 원광의 동생 보리공(573년생)은 12세 풍월주였다. 원광과 보리공은 이화랑과 숙명공주의 아들들이다. 숙명공주는 지소태후의 딸이다. 그러므로 자장의 아버지 김무림은 진흥왕의 조카이자 지소태후의 손자이다. 볼수록 알쏭달쏭한 신라 인물들의 촌수와 생몰연대 그리고 근친 결혼과 겹겹사돈으로 이어지는 결혼제도⋯ 이들을 지소태후를 중심으로 가계도를 그려보면 어떻게 될까.

원광 - 자장 - 명랑은 이렇게 지소태후의 모계로 이어진다.

지소태후(* 이사부) - 딸 숙명공주(* 이화랑) - 손자 원광
지소태후(* 영실) - 딸 송화공주(* 복승) - 손자 무림공(* 유모)
- 증손자 자장
지소태후(* 영실) - 딸 송화공주(* 복승) - 손자 무림공(* 유모)
- 증손녀 법승랑 고손자 명랑

원효는 7세 풍월주 설원랑의 후손으로 가계도는 다음과 같다.

설원랑(* 준화) - 아들 설웅
아들 잉피 - 손자 담날 - 증손자 원효

설원랑의 부인 준화의 가계도는 좀 복잡하다.

위화랑(* 준실) - 딸 준화(* 설화랑(설원랑)) - 손자 잉피
- 증손자 담날 - 고손자 원효
위화랑(* 준실) - 아들 이화랑(* 숙명) - 손자 원광

원광과 원효의 출생년도와 자장관련 가계도

그러니까 원효는 원광의 손자뻘이고 자장은 원광의 조카뻘, 자장은 명랑
의 삼촌이 된다. 촌수가 너무 복잡하고 부계와 모계가 근친 결혼을 하여
계산하기 어렵다.

어쨌든 이렇게 혈연으로 뭉친 신라 대표 승려들이 모두 7세기에 활약했다는 것이다. 특히 원효가 617년에 태어났다면 당시 십대에 일찍 결혼을 한다고 상정하여도 자장의 아버지 579년 출생을 기준으로 출생설은 재고되어야 한다.

자장의 아버지 무림공은 사별 후 두 번째 결혼으로 자장을 낳았으므로 자장의 출생은 600년 즈음으로 상정할 수 있다. 그후 딸 법승랑을 낳았으니 법승랑의 아들 명랑을 620년 전후로 출생을 추정할 수 있다. 그러므로 명랑은 617년 태어난 원효와 동년배가 된다.

원광 또한 이모 송화공주 아들인 무림공과 사촌인데 동생 보리공이 573년생이다. 보리공 위로 두 누나가 있고 맏이가 원광이므로 560년 전후로 출생을 추정할 수 있다.

원광은 542년, 555년 출생연도가 분분하다. 그러므로 원광 555년 전후 출생을 기점으로 자장 600년경, 원효 617년, 명랑 620년 정도의 순서로 정리할 수 있다.

원광은 589년 34세에 진나라로 가서 불법을 구했다고 전하고 자장은 636년에 선덕여왕 시절 당나라로 떠났다. 명랑은 632년에 당나라로 법을 구하러 갔다고 하는데 이른 나이에 유학을 한 것으로 추정된다.

원효는 유명한 해골물 일화를 남기며 의상과 650년 34세와 661년 44세에 당유학을 시도하다 되돌아온다.

이와 같이 자장율사 한 사람을 기준으로 씨실과 날실처럼 기라성같은 신라의 인물들이 나란히 등장한다. 화랑세기를 금과옥조 텍스트로 여기는 것이 아니라 이렇게 삼국유사를 기준으로 관련 텍스트를 직조하면 의외의 성괴를 올린 실마리들이 우리 앞에 모습을 드러낸다는 것이다.

선덕여왕과 자장의 촌수

자, 그럼 다시 선덕여왕과 자장의 관계를 상기해 볼 시간이다.

> 복승 - 딸 마야부인(* 진평왕) - 손녀 선덕여왕
> 복승(* 송화공주) - 아들 무림공 - 손자 자장

선덕여왕의 어머니 마야부인은 아버지가 복승으로 정실부인 어머니에게서 낳은 딸이다. 이에 반해 복승의 아들 무림공은 송화공주가 실제 어머니이지만 복승의 아들인지 비보랑의 아들인지 잘 알 수 없다고 전한다. 그래서 무림공에 대한 기록에 마야부인을 '적형嫡兄' 정실부인의 누나라는 표현을 쓰고 있다.

선덕여왕도 출생연도를 모른다. 그리하여 632년 즉위 당시를 50대일 것으로 추정하나 570년대는 어머니 마야부인의 출생연도에 가까우므로 맞지 않는다. 아버지 진평왕이 579년에 즉위해 632년까지 재위했으므로

자장율사 진영(자장암)

원효대사 진영(교토 고산사)

어린 나이에 즉위했다 하더라도 선덕의 출생은 590년 전후로 보아야 하지 않을까 한다.

진평왕은 일찍 죽은 아버지 동륜태자의 동생 진지왕이 4년만에 폐위되자 왕위에 올랐다. 나이가 어렸을 것으로 짐작되는 이유이다. 무려 53년간을 통치하는 신라의 장수왕이다.

우리는 그동안 자장율사의 신라불국토 프로젝트를 진행하면서 신라시대 6세기와 7세기에 걸친 시간여행을 해왔다. 자장의 출생과 관련된 미실의 노력으로 무림공 부부는 천부관음을 조성해 6세기 당시 신라는 관음신앙이 확산되어 있음을 알았다.

자장의 출가와 당나라 유학을 통해 사촌인 선덕여왕이 당태종과 고종에 대한 정치외교 역할을 맡겼을 뿐 아니라, 당시 신라에 지어졌거나 짓고 있던 대찰 황룡사, 분황사, 통도사 등의 소프트웨어 구축에 관련된 불경, 불상, 당, 번 등과 계율 시스템을 정립하는 계기로 삼았음도 확인하였다. 무엇보다 7세기에는 문수신앙의 전래자로서 오대산 오대를 비롯 문수성지를 이룩하고 진신사리를 가져와 전국 사찰에 확산시켜 사리 신앙 또한 자리잡게 하였다. 여왕의 사촌으로 신라왕자로 불리며 대국통 자장율사로 신라불국토의 명실상부한 건설자가 되었다.

한편 자장의 이러한 활약에는 그 이전 세속오계를 정립한 원광법사와 혈연으로 맺어져 있었고 문두루비법으로 밀교를 들여와 국난을 극복한 명랑법사라는 조카가 위호하고 있었다. 그리고 명랑과 동시대에 원효라는 걸출한 인물이 함께 활약하고 있음도 우리는 그동안 간과했던 것은 아닌가 되돌아볼 일이다.

6, 7세기 신라시대 김유신, 김춘추같은 대단한 영웅호걸들만이 선덕여왕을 보필하고 위기의 신라를 삼국통일의 위업을 이루게 한 것이 아니었다. 이 사촌 남매의 신라불국토 프로젝트에는 이처럼 기라성 같은 고종과 이종 친척으로 둘러싸인 걸출한 명랑, 원광, 원효들이 그들을 이끌어주고 뒤에서 받쳐주며 성장 동력의 역할을 충실히 하고 있었던 것이다.

앞으로 이들의 생애 연보와 활약상을 좀더 면밀히 살펴서 거칠게 추정한 출생연도를 정확히 맞춰나가는 작업을 해야 할 것이다. 그를 위해서는 신라 당시 결혼풍습과 적령기, 골품을 유지하기 위한 근친결혼으로서의 촌수 혼란 문제해결 등 어려운 문제들을 하나씩 풀어나가야 한다.

그럴수록 신기해 보이기만 하던 삼국 중 작은 나라 신라의 삼국통일의 저력이 어쩌면 혈연으로 뭉쳐진 끈끈한 가족애에서 비롯된 것임을 찾아낼 수 있을지 모르겠다. 그리하여 지금까지 '한 민족, 한 핏줄, 우리는 하나'라는 말을 입에 달고 사는 유전자의 비밀이 밝혀질지도 모른다.

자장율사의 자취가 많은 평창에서 2018년 동계올림픽이 열리면서 기적같이 남북 단일팀이 구성되었다. 지금도 이산가족으로 살고 있지만 오랜만에 다시 만나도 역시 한 핏줄임을 실감하고 바로 마음을 열고 한 마음 한 목소리로 노래하고 얼싸 안았다.

자장과 선덕왕의 신라불국토 프로젝트는 기실 빙산의 일각이었다. 물 위에 떠오른 그 일각 아래에는 이렇게 원광, 원효, 명랑의 인척과 의상까지 동시대를 떠받치고 있었다. 다시 한 번 신라의 통일 저력을 이 기회에 배우고 실천할 시간이 아닌가.

부처님 진신사리가 봉안된 화엄사 사자삼층석탑

#13

삼국유사, 자장과 선덕여왕의 신라불국토 프로젝트

선덕의 좌우보처
김유신과 김춘추

7세기에는 정말 걸출한 인물들이 별처럼 동시대를 수놓았다. 선덕여왕과 진덕여왕, 김춘추 무열왕, 그의 아들 문무왕이 통치했다. 자장을 위시하여 원효, 의상 등 스님들뿐 아니라 김유신과 그의 동생 김흠순, 김춘추의 아들 김인문도 신라 삼보라 불리울 만큼 신라 삼국통일에 혁혁한 공을 세운 인물들이다. 이들에 대한 재조명도 필요한 시점이다.

선덕의 좌우보처
김유신과 김춘추

선덕의 예지력있는 통치와 남성조력자들

선덕은 예지력이 뛰어난 왕으로 정평이 나있다. 백제군의 잠입 격퇴에는 여근곡, 옥문지 등의 다소 민망하고 직설적인 지명을 여성성으로 품어내 물리치고 당태종의 향기없는 모란꽃 선물에는 즉위 3년만에 향기로운 여왕의 절 '분황사芬皇寺'를 지어 은은한 모란의 향기로 멋지게 화답하는 내용을 앞서 이야기하였다.

통치 15년 동안 한 해도 거르지 않던 백제와 고구려의 수많은 전쟁과 위기 속에서 삼국통일의 기반을 닦은 선덕에게는 많은 남성 조력자들이 있었다. '화랑세기'에는 두 남편으로 지칭되는 진지왕의 아들이자 선덕의 숙부였던 용수·용춘 형제와 대신 을제를 남편으로 적시하고 있다. 역사상 전무후무했던 공식적인 신라의 첫 여왕 선덕에게 남편의 이름은 그다지 중요하지 않았을지도 모른다. 그들은 선덕의 든든한 지지 세력이자 정치 참모들이었기 때문이다. 선덕의 조카인 동시에 용춘과 여동생 천명의 아들 김춘추는 목숨 걸고 고구려와 당나라에 가서 외교를 펼쳐 선덕이 닦아놓은 삼국통일 기반 위에서 태종 무열왕이 될 수 있었다.

선덕과 자장의 신라불국토 프로젝트에는 행동대장 김춘추(604-661)와 김유신(595-673)이 있기에 가능하였다.

선덕의 좌우보처 김유신과 김춘추

유신과 춘추는 실과 바늘이다. 이들과 함께 하는 두 여왕이 있었으니 바로 자장과 신라불국토를 이끌었던 선덕과 진덕이 그들이다. 이 조합은 7세기 신라와 삼국시대를 파란만장 스토리텔링의 보고로 만든 주인공들이다. 공교롭게 이들은 모두 김씨이다. 춘추와 자장 그리고 선덕, 진덕 두 여왕은 신라 김알지의 후손인 '신라 김씨'였지만 김유신만은 다른 김씨였으니 바로 가야 김수로왕의 후손 '가야 김씨'였다. 유신은 가야멸망으로 인하여 가야계 신라인이 되었지만 정통 신라인으로 인정을 받기까지의 노력과 활약은 눈물겨운 장편 대서사시라고 해도 과언이 아니다.

한편 신라 김씨 선덕과 진덕은 최고 지위에 오른 왕이 되었다지만 그렇다면 폐위된 진지왕의 손자인 춘추는 승승장구하기만 했을까. 춘추의 아버지는 용춘(또는 용수)이다. 어머니는 26대 진평왕의 딸 천명공주이고 그의 한아버지는 25대 진지왕이다. 이러한 막강 성골의 후예로 태어났지만 진지왕은 황음했든 정치적 파워게임에서 지고 말았든 재위 4년 만에 강제로 폐위된다.

춘추는 성골에서 진골로 강등되어 영원히 왕이 될 수 없는 불운한 처지에 놓여 있었다. 그런데 가야계 신진세력 유신과 의기투합하자 대역전극이 펼쳐진다. 춘추는 결국 왕위에 올라 무열왕이 되고 유신은 실질적인 신라 왕 위의 왕으로, 흥무대왕으로 추앙받는 인물이 된다. 무엇때문인가. 이 둘이야말로 풍전등화와 같던 두 여왕시대에 신라 위기를 삼국의 통일로 전화위복시킨 통일 신라의 주인공들이기 때문이다. 그러므로 선덕과 진덕 시대에 유신과 춘추를 떼어 놓고 그들의 활약상을 기대할 수 없다. 자장이 신라불국토에 진력할 수 있게 한 배경, 7세기 4인 1조의 드라마틱한 신라의 정체성을 찾아 떠나보자.

겹사돈으로 맺어진 가야와 신라의 결합

무엇보다 김유신은 김춘추를 자신의 여동생과 결혼시켜 가야와 신라부터 통일하고 무열왕으로 만든 일등공신이다. 또한 춘추와 문희의 딸, 곧 조카 지소를 둘째 부인으로 맞아 겹사돈을 맺어 공고한 관계를 맺는다.

그의 첫째부인은 다름 아닌 자장의 이모 영모부인으로 재매부인이라고 불리는데 지금도 경주에는 재매정이 남아있다. 이렇게 인적 네크워크를 촘촘하게 짜기도 어려울 것이다. 왜 이렇게까지 해야 했을까. 멸망한 나라 가야의 후손이 신라인이 되기 위한 필사의 노력이 느껴지는 대목이다. 그의 업적은 약소국 신라를 삼국통일의 위업을 이룬 나라로 만드는데 분골쇄신, 그야말로 종횡무진 그 자체였다. 멸망한 가야의 후손이 신라인으로 사는 것도 어려웠지만 이제 그 신라마저 무너지면 가야계 신라인은 어떻게 될 것인가. 더이상 물러날 곳 없는 절체절명의 위기를 벗어나기 위한 유신의 혼신의 힘이 느껴진다.

춘추를 '태종' 무열왕이라 하여 '당 태종'과 같은 반열에 올려놓은 것 또한 김유신과 같은 신하를 두었기 때문이라고 설득하여 중국도 승복했던 일화가 전한다. 그는 삼국통일의 실질적 주체이고 왕과 왕실의 보호자 같은 존재였다. 선덕에게는 백제가 침략해올 때마다 세 번씩 집에도 못 들르고 다시 전장터로 뛰어나갔던 신라의 수호신장과 같은 존재였다. 그의 신라에 대한 우국충정은 죽어서까지 이어져『삼국유사』〈미추왕 죽엽군〉 조에서는 혜공왕이 그 김유신의 후손에게 했던 소홀한 대접을 백배 사죄하는 모습으로 그려지고 있다.

유신이 집안의 물맛만 보고 급히 전쟁터로 떠났다는 경주 재매정

김유신 집터의 비각과 재매정 우물

신라 삼보 김유신, 김흠순, 김인문의 활약

그들의 출생부터 살펴보자. 김유신은 595년생(진평왕 17), 김춘추는 603년생(진평왕 25)으로 유신이 8살이 많으나 평생 의기투합하였다. 원효(617~686)와 의상(625~702)도 여덟살 차이였지만 두 번의 당나라 유학 시도 등 평생도반으로서 7세기 신라불교의 주역이었다.

유신은 673(문무왕 13)년까지 78세를 살았고 춘추는 661년(문무왕 1) 58세까지 살아 김유신이 20년을 더 살았다. 김유신은 전쟁터에서 살다시피 한 사람인데 당시로서는 꽤 장수한 셈이다.

7세기에는 정말 걸출한 인물들이 별처럼 동시대를 수놓았다. 선덕여왕과 진덕여왕, 그리고 김춘추 무열왕, 그의 아들 문무왕(626-681) 등이 통치하고 있었다. 자장을 위시하여 원효, 의상 등 신라를 대표하는 스님들뿐 아니라 김유신과 그의 동생 김흠순, 김춘추의 아들 김인문(629~694)도 신라 삼보라 불리울 만큼 신라 삼국통일에 혁혁한 공을 세운 인물들이다. 이들에 대한 재조명도 필요한 시점이다.

선덕여왕 시절 신라는 그야말로 절대 절명의 위기였다. 당나라는 나당연합군으로 도와주는 척하며 결국 신라를 넘보고 선덕을 여왕이라는 이유로 향기없는 모란꽃이니 당태종의 친척을 보내 대신 다스려주겠다는 조롱 외교를 일삼았다. 한 해도 끊이지 않는 고구려와 백제의 침공, 거기에 신라 최고 관직을 차지한 상대등 비담의 내란까지 그야말로 내우외환의 절정을 달리던 시대였다.

진덕의 시대는 어떤가. 선덕이 647년 정월에 비담과 염종의 반란 속에 서거하고 그 유언에 따라 왕이 된 진덕은 김유신의 기지로 즉위 7일만에 난을 평정한다. 그리고 이어지는 백제의 침략과 고구려까지 가세한 어려운 상황을 맞자 춘추를 당에 보내 나당 외교를 통해 실리를 얻는다.

8년이라는 짧은 즉위기간 동안 진덕도 바람잘 날 없는 신라의 왕노릇을 하였지만 그 위기를 반전의 기회로 멋지게 성공시켜 삼국통일을 이룬 주역들이 이들이다. 산이 높으면 골이 깊기 마련이다. 그 어렵고 험난한 질곡의 시절이 있기에 이들의 용맹과 지략이 더욱 우뚝한 것이다.

#14

삼국유사, 자장과 선덕여왕의 신라불국토 프로젝트

진덕의 신라불국토
십대서원과 태평가

진덕의 염원은 '당나라'로 쓰고 '신라'로 읽는 「태평가」속에 다 들어있다. 잠시 그 이름을 바꾸어 당의 지원을 얻어 백제, 고구려의 공격을 막아내 신라의 백성을 평안하게 하는 목적으로 사용한 것이다. 이것은 승만경의 삼대원을 나타내는 진덕의 통치 스타일이라고 할 수 있다.

진덕의 신라불국토
십대서원과 태평가

선덕과 진덕 이름에 담겨있는 신라왕실의 불교 정체성

선덕여왕의 이름은 덕만이다. 다시 살펴보면 덕만은 『열반경』에 나오는 '덕만 우바이'를 가리키는 것으로, 중생을 제도하기 위하여 여자로 태어난 보살의 이름이다. 선덕善德은 수미산의 꼭대기에 있는 도리천을 주재하는 천신 선덕바라문을 뜻하는 것으로 보고 있다.

이처럼 선덕을 덕만 우바이와 동일시했다면 진덕은 부처의 인가를 받아 승만경을 설한 승만과 동일시하려 한 것으로 보인다. 진덕의 이름이 곧 승만이다. 『승만경』의 주인공은 파사닉왕과 마리부인의 딸로 아유타국에 시집간 공주이자 여성재가불자로 유일하게 대승불교 경전을 설한 주인공의 이름이다.

선덕의 찰제리종은 석가모니의 계급 크샤트리아

신라는 법흥왕 때 불교를 공인한 후 철저히 인도 석가모니의 계층, 가문, 이름 등을 그대로 수용하여 신라 왕족을 석가모니의 가문과 동일시하는 신라불국토를 지향하였다. 자장이 당나라에 유학 가서 문수보살로부터 선덕이 석가모니와 같은 찰제리종(크샤트리아 계급)라는 수기를 받게 되는 진종설이 바로 그것이다. 진골 출신으로 당나라에 유학을 갔다가 귀국한 자장은 대국통^{大國統}에 취임하여, 진종설과 전륜성왕 등을 신라 왕실과 결부시키는 왕권 강화 체제를 구축하였다.

자장은 '가섭불 - 석가불 - 문수사리'로 이어지는 과거와 현재 시대의 신앙을 내세워서, 신라를 부처와 보살로 결부시키는 '불국토^{佛國土}'를 주창하였다.

진흥왕에 이르러 그는 전륜성왕의 네 바퀴(금륜, 은륜, 동륜, 철륜)에서 따와서 자식들을 금륜태자, 동륜태자로 이름 짓는다. 그리하여 진평왕에 이르러서는 석가모니의 부모와 이름이 같아지는 것이다. 곧 진평은 백정^{白淨}이며 왕비는 마야부인인데, 이는 석가모니의 아버지 슈도다나(백정

왕 또는 정반왕의 뜻)와 어머니 마야부인에서 이름을 따온 것이다. 진평왕의 아우 백반伯飯과 국반國飯 역시 석가모니의 숙부의 이름이다. 그 진평왕의 딸이 선덕이고 그 사촌동생이 진덕과 자장이 되는 것이다.

석가모니와 같은 선덕, 부처라는 수기를 받은 승만 진덕에게 필요한 것은 신라를 명실상부한 불국토로 세우는 작업이었다. 여기서 선덕의 사촌인 자장이 황룡사 구층탑을 세워 불국토 하드웨어를 구축하고 통도사 계단을 세워 계율을 정립하는 안성맞춤의 역할을 맡았다.

내우외환으로 어려울수록 덕德으로 최상의 국가를 지향하는 진眞과 선善의 신라불국토가 그들의 이상이었다.

진덕의 신라불국토

한편 진덕은 승만경의 승만부인이 부처 앞에서 설법을 하고, 부처가 승만의 설법 내용이 옳다고 인가하는 형식으로 되어 있는 것처럼 부처와 동격으로 불국토 신라를 지향하였다. 진덕은 몸매가 풍만하고 아름다웠고 7척 장신에 팔이 무릎까지 내려온다(姿質豊麗, 長七尺, 垂手過膝)고 삼국사기에 기록되어 있다.

진덕은 21세기에 태어났어도 만인의 선망을 받을 이상적인 체격을 가졌던 것 같다. 키 또한 6척이 넘는 2미터 가량의 장신이었다는데 부처의 32

상 80종호에 상응하는 큰 키와 팔의 길이는 승만과 같이 재가불자 부처로 격상시키려하는 의지가 엿보인다. 이러한 진덕은 647년 왕으로 즉위하여 승만경의 십대서원과 삼대원에 충실한 정치철학을 보여준다.

'오늘부터 보리에 이르기까지'로 시작되는 승만경의 십대서원十大誓願은 다음과 같다.

① 계戒를 범하는 마음을 일으키지 않겠나이다.
② 존장尊長에 대하여 교만한 마음을 일으키지 않겠나이다.
③ 사람에 대하여 성내는 마음을 일으키지 않겠나이다.
④ 타인의 재산이나 지위에 대하여 질투하는 마음을 일으키지 않겠나이다.
⑤ 내가 소유하고 있는 것에 대하여 아끼는 마음을 일으키지 않겠나이다.
⑥ 나 자신을 위해서 재산을 모으는 일을 하지 않겠나이다.
⑦ 사섭법(四攝法 : 布施·愛語·利行·同事)에 의하여 사람들에게 이익을 주는 일을 하되, 자기의 이익을 위해서는 하지 않겠나이다.
⑧ 고독한 사람, 감금되어 있는 사람, 병마에 시달리는 사람, 재난을 당한 사람, 빈곤한 사람을 보고 그냥 버려두지 않겠나이다.
⑨ 새나 짐승을 잡아서 파는 사람, 길러서 잡는 사람, 부처의 계에 어긋난 사람을 보면 놓치지 않고 조복시키겠나이다.
⑩ 정법을 잘 지키고 그것을 잊어버리는 일을 하지 않겠나이다.

지금 바로 우리에게 적용할 수 있는 구체적인 실천법이다. 진덕이 신라의 승만이라면 이 열 가지를 모두 몸과 마음에 새기며 성장하여 그것을 정사에 옮기고자 했을 것이다.

진덕은 또한 현명했다. 이 십대원을 마음에 새기고 있다면 신라와 백성을 위하여 무슨 일은 못할까. 백제와 고구려의 침략 속에 당과 화친을 맺기 위한 정략으로 진덕은 비단을 짜고 거기에 당고종에게 태평송을 지어 문무왕이 될 춘추의 아들 법민을 시켜 선물한다. 시 또한 잘 지어서 당나라의 태평성대를 기리는 「태평가」가 고상하고 웅장하여 고고웅혼高古雄渾하다는 평을 들었다.

진덕이 추구한 불국토의 삼대원과 태평가

위대한 당나라 왕업을 열었으니
높고도 높은 황제의 계획 창성하리라.
전쟁이 끝나고 천하가 안정되니
학문을 닦아 백대에 이어지리라.
하늘의 뜻 이어받아 은혜를 베풀고
만물을 다스리며 깊은 덕 간직하네.
깊은 인仁은 해와 달과 짝하고
국운이 요순시대와 같다네.
나부끼는 깃발은 어찌 이리도 빛나며
징소리 북소리는 어찌 그리도 웅장한가.

나라 밖 오랑캐, 황제 명령 거역하면
하늘의 재앙으로 멸망하리라.
순박한 풍속은 온 세상에 펼쳐지고
멀리서 가까이서 좋은 일 다투어 일어나네.
빛나고 밝은 조화 사계절과 어울리고
일월과 오행이 만방을 돌고 있다네.
산악의 정기는 보좌할 재상을 내리시고
황제는 충성스럽고 어진 신하를 임명한다네.
삼황과 오제의 덕이 하나가 되어
우리 당나라를 밝게 비추리로다.

이 시를 누군가는 너무 사대적인 것이 흠이라고 하나 진덕의 염원은 '당나라'로 쓰고 '신라'로 읽는 태평가였을 것이다. 잠시 그 이름을 바꾸어 당의 지원을 얻어 백제, 고구려의 공격을 막아내 신라의 백성을 평안하게 하는 목적으로 사용한 것이다.

이것은 승만경의 ① 정법의 지혜를 구하고, ② 일체 중생을 위하여 법을 설하며, ③ 정법을 획득하겠다는 '삼대원'을 나타내는 진덕의 통치 스타일이라고 할 수 있다.

나 아닌 남을 위하여 나는 무엇을 어디까지 해본 적이 있던가. 진덕에게는 남편과 자식에 대한 기록이 없다. 여성은 약해도 어머니는 강하다라는 말은 만고의 진리이다. 신라가 남편이고 백성을 자식으로 생각한다면 전쟁에 피폐해진 내 가족을 살리기 위해 비단에 글씨를 수놓는 일쯤이

야 무엇이 어려우랴. 결국 당고종이 이 글을 아름답게 여기고, 법민에게
대부경을 제수하여 돌려 보내고 처음으로 중국의 연호인 영휘를 사용하
게 하였다. 진덕의 전략은 성공했다.

진덕의 신라불국토

8년이라지만 7년 2개월의 짧은 왕노릇을 한 진덕이 승만이라는 이름에
걸맞게 신라와 백성을 위해 작은 자존심 내려놓고 큰 자존심을 지켜낸
것이라 해석할 대목이다. 그 결과 다음 왕인 김춘추가 삼국을 통일하는
위업을 이룰 수 있도록 물려주었다.

삼국유사 여인의 기상이며 신라 여왕의 기본 품새인 것이다. 언니의 후광
에 가려 또는 유신과 춘추의 활약으로 허수아비 왕노릇을 했다는 편견
에 가려져 있는 진덕여왕, 우리는 진덕의 면면을 사금파리 주워 그릇을
복원하는 마음으로 찬찬히 찾아내야 할 것이다.

7세기 신라의 별들을 바라보며 21세기를 살고 있는 우리에게 묻는다. 우
리는 대한민국의 국민으로서 어떤 역할을 하고 있는가. 나라가 잘 되기
를 바라고 눈부신 경제성장과 한류로 파급된 한국문화에 자긍심을 느
끼는 사람들이 많을 것이다.

그렇다면 돌이켜 생각해보자. 나름 우국충정의 마음으로 여왕 대신 왕

이 되어 신라를 다스리고자 했던 상대등 비담인가, 가야와 신라를 결합하고 그 신라의 힘으로 백제와 고구려를 통일한 유신인가, 성골에서 진골로 강등되어 영원한 아웃사이더로 전락한 삶을 박차고 분골쇄신 기필코 진지왕의 왕위를 이은 춘추인가, 당나라 소정방의 암호를 풀어 전쟁 승리에 결정적 도움을 주는 원효인가, 당나라의 침략 정보를 알아내 급히 귀국하는 의상인가, 선덕을 도와 신라를 둘러싼 9개의 호시탐탐 적국을 진압하기 위해 황룡사 구층탑을 세우는 자장인가.

각자의 대의명분과 밑바탕에 흐르는 애국심으로 일생을 보냈을 그들이지만 누군가는 시대의 영웅으로 누군가는 9족을 멸족 당한 반란자로 기억되고 있다. 다시 묻는다. 7세기 삼국유사의 기록은 지금 우리에게 어떤 의미인가.

#15

삼국유사, 자장과 선덕여왕의 신라불국토 프로젝트

자장율사의
신라불국토 프로젝트

우리는 그동안 자장율사가 미실의 지극정성 노력으로 태어나 선덕여왕의 비호를 받으며 중국 불교를 들여와 신라를 불국토로 화엄장식하는 모습을 그려왔다. 신라시대의 전륜성왕을 상징하는 선덕의 이바지에 힘입어 자장율사라는 신라 불교를 대표하는 인물이 배출되는 과정, 그 바탕을 마련해 준 원광 등 신라 집단지성의 역할은 21세기식 한국학콘텐츠 개발의 시금석 이다.

자장율사의
신라불국토 프로젝트

21세기의 불국토는 어디에

자장이 살았던 신라시대의 불국토 사상은 삼국유사 곳곳에서 교화를 펼친 기록과 현재 남아있는 유적들로 한국 불교문화를 웅변하고 있다. 우리 한국 불교철학의 큰 특징으로 호국과 호법 불교를 꼽는다. 나라가 위급할 때마다 불교에 의지해 나라를 지키려는 노력을 해 온 것이 한국 불교의 중요한 특징이다.

자장과 선덕여왕의 불국토사상을 밑바탕으로 하여 원광법사의 세속 오계와 관련된 운문사(가슬갑사), 명랑법사의 신인종 문두루비법이 집약된 사천왕사 등이 모두 삼국유사에서 찾을 수 있는 한국불교의 호국과 호법을 나타내는 특징들이다. 원효 또한 원광의 손자뻘로 신라불교를 총망라한 회통불교의 주역이다. 원광과 원효의 중심에 있는 할머니 준실은 자비왕의 외손으로 지소태후가 총애하였다고 한다.

우리는 그동안 자장율사가 미실의 지극정성 노력으로 태어나 선덕여왕의 비호를 받으며 중국 불교를 들여와 신라를 불국토로 화엄장식하는 모습을 그려왔다. 그 과정에서 선덕여왕이 자장을 그의 특급 브레인으로 삼은 이유, 당시 신라 불교의 사상과 신앙들의 자취 속에 원광과 명랑의 역할과 영향이 어떻게 작용하고 이어졌는지가 자연스럽게 드러나는 여정을 이어왔다. 앞으로 이들의 관계가 어떻게 중중무진 인드라망으로 이어져 있는지 더욱 면밀히 살펴보아야 한다.

신라불국토의 자취를 찾아서

그러기 위해서는 신라불교 사상 연구는 물론이요 자장과 관련이 있는 '분황사, 통도사, 월정사', 원광과 관련있는 '청도 운문사, 경주 금곡사', 명랑과 관련있는 '사천왕사, 망덕사', 원효의 탄생지인 경산 초개사, 혜공과의 이적이 있는 포항 오어사 등의 답사를 위한 전문 프로그램도 구축해야 한다.

가령 원광법사가 주석한 운문사, 부도탑이 남아있는 금곡사, 명랑법사

원광이 주석한 청도 운문사 전경

원효와 혜공의 법거량 터 포항 오어사

원효대사의 삿갓과 숟가락(포항 오어사 유물전시관)

의 문두루비법이 펼쳐진 사천왕사와 맞은편에 위치한 망덕사 등 신라 불국토의 주요한 답사지이지만 상대적으로 그 부분이 조명되거나 알려져 있지 않은 부분이 많다.

삼국유사를 촘촘히 정독한 결과 우리는 자장의 외삼촌 원광이 세속오계를 만들고 그를 이어서 외조카 자장이 불교의 정율을 세워 본격적인 계율의 나라로 구축해 나가는 모습을 확인할 수 있었다.

황룡사 구층탑과 문두루 비법의 호국불교

신라 호국불교의 금자탑인 자장의 황룡사구층탑 역시 자장의 외조카 명랑이 당나라 침공을 문두루 비법이라는 밀교와 호국사찰 사천왕사 건설로 더욱 굳건해진다. 외삼촌과 외조카로 승계되는 모계중심 사회의 신라 불교에 주목할 일이다. 지소태후로 이어지는 이들의 혁혁한 신라불국토 프로젝트는 사촌누이 선덕이 여왕이 됨으로써 더욱 힘이 실린다.

특히 신라시대의 전륜성왕을 상징하는 선덕의 이바지에 힘입어 자장율사라는 신라 불교를 대표하는 인물이 배출되는 과정, 그 바탕을 마련해 준 원광법사의 세속오계와 21세기식 해석은 한국학콘텐츠 개발의 시금석이다.

예를 들면 21세기에서 더욱 가치가 빛날 한국학콘텐츠로서의 휴머니티,

인문학의 정수인 세속오계와 자장의 계율을 다음과 같이 재해석 할 수 있다.

① 나에게 국가란 무엇인가 - 나라를 생각하는 사군이충
② 부모란 어떤 존재인가 - 부모를 공경하는 사친이효
③ 친구를 대하는 태도 - 친구를 믿음으로 대하는 붕우유신
④ 생존경쟁의 사회 - 인생의 목표에 최선을 다하는 임전무퇴
⑤ 지구촌 공생 - 살아있는 것을 소중히 여기는 살생유택

스토리텔링의 보물창고라 하는 삼국유사에서는 이처럼 신라 6, 7세기의 불국토 건설 현장이 고스란히 남아 있다. 자장, 원광, 명랑, 원효 각각의 연구로는 쉽게 드러나지 않았던 삼국유사의 인연법이다.

따라서 원광 - 자장 - 명랑으로 이어지는 숙부와 삼촌관계의 조명은 신라 불교사에 전환점이 될 것이다. 그리고 그들을 키워낸 여성들인 지소태후, 선덕여왕, 법승랑, 준실의 활약도 함께 살펴 신라의 훌륭한 남성 뒤에 그와 동등하거나 월등한 여성들의 모습을 21세기의 롤모델로 부각시켜야 할 시점이다.

이제 이들의 공적을 간략히 베틀짜듯 정리하며 대단원의 막을 내려야 할 것 같다.

멀리보이는 양산 영축산 및 통도사 전경

에
필
로
그

21세기의   신라불국토

자장이 주축이 되는 신라불국토의 인프라와 소프트웨어를 찬찬히 따라가며 선덕여왕과 사촌남매간임을 아는 것도 처음엔 대단한 수확이라고 생각하였다. 뿐만 아니라 선덕을 이은 진덕여왕의 손을 잡고 신라불국토의 청사진을 실현해나가는 모습을 보니 그의 '태평가'도 다시 보였다. 그런데 그 현장에는 뜻밖에 자장의 삼촌 원광법사가 터를 닦고 있고, 자장의 조카 명랑법사가 신라의 위기 탈출을 진두지휘하고 있었다. 신라불교를 통틀어 가장 존재감이 우뚝한 원효대사도 자장과 혈연을 맺고 있었다.

그렇다면 신라불국토 프로젝트니까 스님들만 주축이 되었을까. 아니었다. 당시 신라는 가장 힘이 약해 백제와 고구려, 나아가 도와주러 왔다는 당나라까지 신라를 집어삼키려던 7세기였다. 재가불자 김춘추와 김

유신이 각자의 여동생과 조카와의 결혼으로 공고한 겹사돈의 혼맥과 혈
연관계를 이루며 철통같이 신라를 지키고 있었다.

성골과 진골의 골품제도는 권력의 유지 수단으로만 생각했던 순혈주의
를 넘어 마치 일심동체로 합체된 한 사람의 거인을 보는 것 같았다. 거기
에는 왕도 백성도, 승과 속의 인물들도 둘이 아닌 오직 신라인만이 존재
하였다. 위험에 처할수록 필사의 힘으로 이상향의 불국토 건설에 박차를
가하여 삼국을 통일하는 기적을 실현하고 있었다.

자장이라는 신라의 '실마리'를 잡고 따라가다 보니 7세기 활약했던 선덕
과 진덕의 두 여왕 시대를 수놓았던 '실타래' 끝에 스펙타클한 영웅들이
라는 '황소'가 위용을 자랑하고 있었다. 그러나 7세기 신라불국토의 주역
들이『삼국유사』에 등장한 그들뿐이랴.『화랑세기』에는 자장을 탄생시

킨 김무림과 유모부인, 그들을 맺어준 미실궁주가 태산처럼 그들을 받치고 있었다.

또한 불국토의 무대가 신라뿐이랴. 자장이 중국으로 넘어가니 당 태종과 당 고종이 버선발로 달려 나와 신라불국토 소프트웨어 구축의 물자를 담당하고, 자장과 도력을 높여주기 위한 당대 최고의 도선율사도 기꺼이 조연으로 출연해 율종과 부처 진신사리 이야기를 거든다.

한편 관음신앙의 힘으로 태어난 신라의 자장은 중국 오대산의 문수신앙을 직수입하여 강원도 오대산에 문수보살 불국토를 건설한다. 지금의 월정사, 상원사와 중대와 동서남북의 오대가 바로 그것이다.

뿐만 아니라 '자장율사'로 대표되는 자장의 율국토 구축도 빼놓을 수 없다. 밀교에 대한 사상과 화엄종 이야기도 의욕만 앞서 소개에 그쳤지만 상상했던 것보다 훨씬 방대한 신라의 불교 신앙과 교학에 대하여 천착하고 공부하는 기회로 삼아야 할 것이다.

처음에는 삼국유사 곳곳에 여러 번 등장하는 자장이라는 한 인물에 대한 스토리텔링을 한곳에 모아 한 인물을 전체적으로 조망해 보고자 하는 소박한 생각에서 출발한 글이었다. 신라 7세기의 그를 구심점으로 세워 놓았을 뿐인데 그를 중심으로 한 과거와 현재, 미래의 인물들이 줄을 서기 시작하였다. 신라의 동서남북, 사방으로 자장이 활동하는 공간을 따라가다 보면 그곳에는 신라불국토가 구축되는 서라벌부터 강원도에 이르는 오대산 오대의 하드웨어와 소프트웨어가 구축되고 있었다. 한 사람의 소우주로 시작해 이렇게 불국토가 되고 소천계, 중천계, 대천계가 되어가는 중중무진 인드라망의 불교의 세계관을 경험하는 타임머신 여행이었다.

그러나 자장법사뿐일까. 이 세상 모두가 자장율사인 것을! 가만히 생각해보라. 지금의 나를 있게 한 부모님과 그의 부모님들이 시간을 거슬러 촘촘히 늘어서 있는 나의 역사를. 그리고 현재 나를 둘러싼 형제, 친구, 연인, 선후배, 그리고 어느 날 가족을 이루어 후손을 거느린 부모가 되고 나 또한 역사가 되어 있음을. 어쩌면 나도 모르는 사이 이렇게 '나'라는 '불국토'를 세우고 있는 것은 아닌가. 우리가 불국토에 사는 부처임을 자장율사는 책 전편을 통해 시나브로 보여주고 있었다. 신라불국토는 21세기에 면면히 이어지고 있다. 우리가 부처이고 우리가 불국토임을 잊지 말아야 할 일이다. 아니 순간순간 기억할 일이다.

삼국유사, 자장과 선덕여왕의
신라불국토 프로젝트

초판 1쇄 발행 2019년 06월 30일
초판 2쇄 발행 2020년 07월 25일

글 정진원
사진 정진원. 김윤희. 유동영. 이창환
표지 그림 백화
펴낸이 김윤희 **펴낸곳** 맑은소리맑은나라
디자인 방혜영

출판등록 2000년 7월 10일 제 02-01-295 호
주소 부산광역시 중구 중앙대로 22 동방빌딩 301호
전화 051-255-0263 **팩스** 051-255-0953
이메일 puremind-ms@hanmail.net

ISBN 978-89-94782-67-6 93910
값 17,000원